THE II WORLD WAR

第二次世界大战战场丛书

钱乘旦 庞绍堂/主编

『十二五』国家重点出版物出版规划项目

翟晓敏 ◎ 著

大西洋战场

华夏出版社
HUAXIA PUBLISHING HOUSE

图书在版编目（CIP）数据

大西洋战场 / 翟晓敏著. —北京：华夏出版社，2015.1
（第二次世界大战战场丛书）
ISBN 978-7-5080-8291-2

Ⅰ.①大… Ⅱ.①翟… Ⅲ.①第二次世界大战战役－海战－史料 Ⅳ.①E195.2

中国版本图书馆 CIP 数据核字(2014)第 265973 号

大西洋战场

作　　者	翟晓敏
责任编辑	罗　庆

出版发行	华夏出版社
经　　销	新华书店
印　　刷	三河市少明印务有限公司
装　　订	三河市少明印务有限公司
版　　次	2015 年 1 月北京第 1 版 2015 年 1 月北京第 1 次印刷
开　　本	670×970　1/16 开
印　　张	14
字　　数	156 千字
定　　价	32.00 元

华夏出版社　地址：北京市东直门外香河园北里 4 号　邮编：100028
　　　　　　　网址：www.hxph.com.cn　电话：(010)64663331（转）
若发现本版图书有印装质量问题，请与我社营销中心联系调换。

总　　序

钱乘旦

二十年之前,《第二次世界大战战场丛书》全套八册在当时任职中国青年出版社的潘平先生的支持下撰写完成,并收入由中国青少年基金会发起的公益项目希望书库中,由中国青年出版社和中国少年儿童出版社出版印行,由中国青少年发展基金会作为希望小学的课外阅读书籍与贫困地区的小学生们见面了。二十年之后的今天,原稿经过修改和补充即将由华夏出版社出版,作为对第二次世界大战结束七十周年的一束纪念。

二十年前我为这套书写了一篇序,时至今日再看此文,其中的基本判断居然都没有过时。首先,世界又维持了二十年的和平,而这二十年确确实实是以和平与发展为主题的;但人们未曾料到,战后的发展主要是新兴国家的发展,世界力量的平衡由此发生变化,五百年的西方优势正一点点消退,非西方国家经历着群体的复兴。如何面对新的世界格局,关系到战争与和平的重大问题;只有对各国的发展都"乐见其成",将其视为全人类的共同福音,才能对世界变化有正确的认识,而不致将人性中阴暗的一面付之于行动。

其次,苏联解体、两极世界瓦解后,这个世界不是更太平、而是更危险了,一个超级大国恣意妄为、随便改变现状的做法只使得这个世界狼烟四起,比任何时候都更接近于战争的边缘。和平维持了太长的时间，战争的记忆似乎已经遥远，年轻人只是在电脑游戏中接触战争场面，而那些游戏又确实把战争当成儿戏。这种时尚的"现代文化"隐藏着太多的隐患，人们需要尽早反思，不要让它泛滥成灾，而能够给人们带来真实的战争记忆、回想起第二次世界大战的巨大伤痛的，恰恰是真实地写出战争的历史，并永远记住它留下的历史教训。

第三，第二次世界大战是一场用正义战争打败非正义战争的大战，为打赢这场战争，世界人民付出了五千万人牺牲的代价，财产的损失不计其数。正气本应该长存，但出于偏见或意识形态，现在有些人却有意无意地抹杀二战的正义性质，混淆是非，把正义者说成邪恶，为邪恶者涂脂抹粉。人们对这场战争的记忆本来就在冲淡，而有意的歪曲和故意掩盖事实，无论出自何种动机，都只会助长邪恶。

作为"世界"大战，第二次世界大战在大半个地球激烈进行，其中一个主战场在中国。但长期以来英美话语控制了战争的诠释权，中国战场成了陪衬甚至消失在记忆中。我们这套书有意识地纠正了这种偏见，八册中有两册是专写中国战场的，一册写中国正面战场，另一册写中国敌后战场，两册合在一起，全面表现了波澜壮阔的中国抗日战争。二十年前还有人故意回避正面战场，今天我们都知道抗日战争是全中国人民的共同战争，是中华民族走向复兴的伟大胜利。中国抗日战争为世界反法西斯战争做出了重要贡献，这是永远不可忘记的。

所以说，二十年前的这些说法仍然有意义，因此在丛书正式出版时我将它全文刊出，作为全书的总序。

"希望书库"版序言

钱乘旦　庞绍堂

第二次世界大战硝烟弭散，到现在已经五十年了。五十年前出生的那些人，如今也已经"知天命"，要年逾半百了。五十年来，尽管世界上狼烟未止，大大小小的战争始终不断，但全球性的大战总算没有打起来，出现了五十年难得的和平时期。五十年中，世界发展很快，物质生产的能力成倍增加，财富之增长居然破天荒第一次使居住在这个世界上的人不仅少数特殊人物可以享受优裕的生活，而且数量相当可观的普通人也能够分享其富裕了。许多地区已经习惯于和平与安宁，几代人都不知道战争是什么样；即使曾亲身经历过战争的人，战争也已成为遥远的过去。和平与发展是当代世界的主题，人们祈望着和平能世世代代维持下去，永无止境。

人们渴望和平，因为和平与幸福总是连在一起；人们痛恨战争，因为战争与苦难是同义语。很少有人不希望和平，而想要战争的；然而，战争又似乎是人类永远摆脱不掉的命运之阴云，笼罩着由希望之火点燃的历史之光。战争陪伴着人类的历史，乃至在官修的史书上，没有战争似乎就显示不出君王的伟大，没有征伐似乎就表现不了统治的英明。可悲的是，历史似乎也果真如此，还在我们的先民与巨野洪荒作斗争的时代，人类就被战争的梦魇时时纠缠，尽管豺狼虎豹凶狠地威胁着人类的生存，但人的不同族群之间却免不了要彼此厮杀，人的同类相斗充满了血腥气。文明降临之后，战争与历史一起进入文明，而且越来越自觉地利用文明的进步所造成的结果，从古希腊的青铜剑，到20世纪的激光导弹，哪一个历史阶段，不见证着武器的发展与完善，人类的多少智慧，被消耗在战争这门艺术上！当后人歌颂帝王的宏业、将军的伟绩时，似乎已经忘记了战争的残酷；有些人说，战争是文明发展的杠杆，没有战争，社会也就停止不前了。对此我们虽然不敢苟同，但同时又不得不承认：社会的发展有时的确需要战争来推动，比如：当新社会需要诞生、旧社会又不肯退去时，战争会帮助消灭旧社会；当邪恶势力张牙舞爪、剥夺千百万无辜人的生命与自由时，战争会帮助伸张正义，消灭邪恶；即使在并无正义与非正义之分，战争只是不开化人群的相互残杀或贪婪帝王们的争疆夺土时，它也会起到沟通文明、交流文化的作用，因为在工业化以前的时代里，地区间的联系极稀少，人们生活在封闭的地域里，很少有交流的机会，于是，战争作为一种残酷的沟通手段，居然也可以成为文明的载体！

但战争无论如何都是人性中丑陋一面的暴露。不管存在不存在正义的一方，战争都是由邪恶势力造成的。非正义的战争自不消说，它体现着统治者的贪婪、权欲和凶狠残暴；即使是正义的战争，也必然是在邪恶势力登峰造极、正义的力量不用战争作手段便不可铲除恶势力的前提下发生的。一场战争要么无正义与非正义可言，实际上双方都是非正义；要么一方是正义，另一方是非正义，于是战争首先由非正义一方挑起，正义一方为反抗、为生存，不得不奋起反击，拿起武器，向邪恶势力开战。

第二次世界大战就是一场典型的用正义战争打败非正义战争的大战，为打赢这场战争，全世界人民付出了五千万人牺牲的代价，战争的财产损失，估计达到四万亿美元。人类作出如此巨大的牺牲，仅仅是为了消灭人类历史上最邪恶的势力之一——法西斯主义。痛定思痛，人们不禁会默然深思：难道一定要在热血和泪水中才能伸张永恒的正义吗？为什么不能在邪恶势力毒苗初露的时候就将它铲除，而一定要等它作恶多端、危害匪浅时才动员更大的人力和物力，去和它作本来可以轻易得多的斗争？第二次世界大战留给后人去深思的最深沉的，也许就是这个问题。

人类是不是还需要不断地经受战争的苦难？是不是只有用鲜血和生命才能捍卫真理和正义？也许正是带着这种迷茫，世界才走完了五十年艰难的和平历程。在纪念世界反法西斯战争胜利五十周年之际，我们却不可忘记：当上一次大战奠定的世界体系瓦解之后，我们这个世界又变得动荡不安了，两极控制世界的平衡状态已经被打破，新的战争根源有可能在混乱中产生。我们能否阻止新的战争？我们能否化解各种冲突？能不能在邪恶势力刚刚抬头的时候就遏止它、消灭它？这是摆在全世界人民面前的严峻考验。我们渴望和平，我们希望永远不再有战争，至少不再有全球性的世界大战。我们希望人类的理智已经成熟到这个程度，即人们将永远清醒地认识到：现代科学已经使人类具备了消灭自己的能力，世界的核武库可以把地球炸翻好几次。然而我们却不得不痛心地承认：战争曾一直与历史同在，我们不能保证人类的私欲永远不再助长邪恶势力的抬头，使之再次成为引发世界战争的根源。但即使如此，我们仍然深信：

正义会在战争中凯旋，因为人类在其本性中，天生就追求真理与正义！

第二次世界大战是波澜壮阔的，它高奏着振人心弦的英雄乐章，它为作家艺术家储藏了取之不尽的创作灵感，它为一代代后世人留下了长久永存的崇敬与深思，它为历史家提供了永不磨灭的史绩。然而，我们仍然希望它是人类历史上最后一次大战，铺设在人类脚下的，应该是永远的绿色和平之路。

让我们真诚地祝福和平永存。

1994年10月于南京

目 录

一 战云密集 / 1

二 生命线之战 / 17

三 首批牺牲者 / 37

四 袭取挪威 / 51

五 逐鹿南大西洋 / 75

六 海上"狼群" / 93

七 "俾斯麦"号的沉没 / 123

八 冰海迷雾 / 143

九 海空争夺战 / 161

十　德国与日本的水下联系 / 177

十一　回天乏术 / 191

结语 / 201
大西洋战场大事记 / 207
主要参考书目 / 211

一
战云密集

第一次世界大战结束后，德国海军被缴械并受到严格限制。惹是生非的妖魔一时被装进了瓶子，曾是惊涛险浪的大西洋恢复了平静。

1919年6月21日，按照受降规定停泊在苏格兰奥克尼群岛斯卡帕湾的德国舰队主力趁英国的监视舰只出海打靶之际，全部自行凿沉。尽管士气已经崩溃，德国海军仍按照帝国海军一直遵守的传统，不让自己的舰只落入敌手。停泊在其他港口的德国军舰或自沉或被协约国接收，保留下来的仅是几艘因为设备和武器陈旧而未能参战的老式舰只。

1921年早春，德国按照凡尔赛条约裁减军备，3月份国会通过了防务法，按条约规定，德国海军全部由志愿人员组成，包括舰上人员和海岸防卫部队在内，限额15000人，其中有1500名军官。海军不得保留预备役人员。军官必须服役25年，其他人员12年，海军退役军人不得在其他军事部门工作，不得对商船水手进行军事训练，允许保留的舰只数量是：6艘战列舰、6艘巡洋舰、12艘驱逐舰、12

艘鱼雷艇，对其吨位亦作了严格规定，分别为 10000 吨、6000 吨、800 吨和 200 吨，舰龄不少于 15 年，舰上的武器装备由协约国指定。德国可以保留距其海岸 50 公里以内的海军设施，但不得加强，不得在波罗的海入口处增建要塞工事。德国当局应向协约国提交有关计划、装备和武器性能的细节说明，禁止拥有潜艇、航空母舰及军用飞机。

这些严厉的制裁措施，其效果只是暂时和表面的，失败的一方不甘心，制裁只是刺激了德国重整军备的欲望。德国海军采取精兵政策，原帝国海军中的精华保留下来。按照质量建军的方针，官兵的征召有特别严格的条件，在 20 世纪 20 年代，常常是 30 至 50 人竞争一个名额。

1928 年，埃利希·雷德尔出任德国海军总参谋长，他曾于第一次世界大战日德兰海战中任德军舰队参谋长，为人谨慎而富于作战经验。他的目标，是在凡尔赛条约许可的范围内，建立一支以质量取胜的水面舰队。为了抵消协约国对德国火炮口径的限制，加快了速射炮和火箭的研究，改进了光学瞄准装置，雷达作为远射程炮的测距装置得到了迅速的发展，一度走在英国的前面。当英国还在研制这种新式装备时，德国就已经制成可供部队使用的雷达了。在造舰方面，受最高限额一万吨的限制，根据新的设计思想，发明了"袖珍战列舰"，它的速度较战列舰快，而火力又胜过巡洋舰。这样，它可凭借速度甩开对其构成威胁的敌战列舰，又可凭借其火力优势击毁巡洋舰。这种新式军舰的出现，在其他国家引起轰动，一些国外设计师将之称为未来的战舰。第一艘这种袖珍战舰是"德意志"号，其排水量在满载时可达 16000 吨，1933 年开始服役，时速 26 节，持续航行可达一万海里，配有 280 毫米口径大炮。虽然不能实

海军元帅埃利希·雷德尔，1943年1月之前为海军司令

际拥有最大型的舰只，德国在当时"大炮巨舰主义"的影响下，于1932年对建造3.5万吨的战列舰进行了理论性研究，并对其装备、装甲和航速进行了可行性论证。

德国海军第一支作战潜艇舰队的司令是邓尼茨，邓尼茨是个饱经考验的潜艇指挥官，1912年开始在"帝国布雷斯劳"号巡洋舰上服役。曾在黑海作战，1916年加入潜艇部队，次年在U-39号潜艇上服役，五次远航，1918年升任潜艇指挥官。同年10月在马耳他岛以东执行作战任务时，他指挥的潜艇遭到英海军护航舰的夜袭，潜艇沉没，邓尼茨被俘，进入在英国的战俘营。在此期间，他认识到，潜艇战的关键在于集中多艇协同作战。一战结束后不久，邓尼茨又回到了海军，1934年任巡洋舰舰长。此后，他担任过鱼雷艇队和轻巡洋舰"埃姆登"号的指挥官。因工作出色，从远东执行航海任务回德国后曾于1936年接受率领德国巡洋舰队周游世界的任务。第二次世界大战爆发时被任命为潜艇部队司令，他后来成为海军上将、潜艇部队总司令，大战期间又继雷德尔任海军司令，并被希特勒指定为继承人。他对潜艇的战术和性能深有研究，坚信潜艇是今后克敌制胜的唯一可靠武器。

第一次世界大战结束后不久，德国开始秘密建造潜艇，在荷兰设立了一家民用船舶公司，德国最优秀的潜艇专家在它的掩护下研制先进的潜艇，并承接了某"外国"客户的订货。1934年，基尔海军基地的秘密仓库中储有组装第一批潜艇的部件，在英德海军条约签字的前两天，德国的第一艘潜艇U-1号就下水了，两周后在埃维尔特上尉指挥下服役，成为德国潜艇学校的第一艘训练艇。第一艘作战潜艇是U-7，于同年下水。两次大战之间的岁月，德国水兵已

1936年的U-1，德国首艘潜艇

经驾驶这种潜艇进行了大量试航，战前已经非常熟悉其性能，所以当1935年德国重整海军军备时，既不缺乏先进的潜艇，也不缺乏技术熟练的艇员。德国海军表面上受到种种约束，它的野心和潜在力量却在迅速地膨胀。30年代初纳粹执政后，增拨巨款给海军，加速扩军和研制计划。1935年，帝国舰队改称为作战舰队，悬纳粹旗。

1935年4月16日，希特勒宣布不再承认《凡尔赛条约》并实行义务兵役制，与此同时，希特勒尽力与英国保持关系，以便达成一项对德国发展海军有利的条约，打破一战后的种种限制，由于英国的绥靖政策，这一目的未费很大力气便实现了。同年6月18日塞缪尔·豪爵士与里宾特洛甫签署了英德海军协定，以不与英国海军敌对为前提，德国可拥有潜艇及航空母舰，可将水面舰只的吨位提高到英国海军的35%，潜艇吨位为英国的45%。英国原则上同意德国可拥有与自己同样数量的潜艇，有趣的是，在第二次世界大战开始时，英国的潜艇数目与德国一样是57艘。

英国政府当时的考虑是，不能同时与德国和日本在远东和欧洲开展两场海军军备竞赛，在不能和日本达成一项有关条约时，须先避免与德国进行海军竞赛，而没有充分预计到这种政策的严重后果。德国海军元帅雷德尔事后回忆，希特勒在条约签署的当日兴奋地说，这是他有史以来签订的最为幸运的条约。雷德尔告知部下，新签订的英德海军协定排除了与英国作战的可能，德国海军今后十年可高枕无忧，不久它取消了对英作战的理论研究。1936年德国海军的作战计划中只把法国与俄国当作假想敌。"不与英国作战"成为德国海军制订计划的基本出发点。

1934年，德国海军建造局便准备建造两艘战列舰（F舰和G

舰），以用来替代已过时的"汉诺威"号和"石勒苏益格—荷尔斯泰因"号无畏舰。1935年英德海军协定签署后，德国就抓住可以建造标准为3.5万吨、主炮为406毫米的战列舰的机会，开始两舰的设计。在设计过程中，海军决定增加其装甲和续航力，使排水量大大超过3.5万吨的限制。不久，德国政府订购了这两艘军舰。

1936年，日本和意大利拒绝在伦敦海军条约上签字。德国海军就因而名正言顺地建起大排水量和大口径主炮的战列舰，各国均采用最新设计和技术。当时较典型的有英国的"乔治五世"级、美国的"北卡罗来纳"级、法国的"黎世留"级、苏联的"苏联"级、意大利的"利特利奥"级。其共同特点是：火炮口径大、吨位大、装甲厚、速度快。在F舰和G舰的设计过程中，德国海军建造局一直在跟踪研究世界主要海军强国有关战列舰的航速、排水量和主炮口径的情况，这对俾斯麦级战列舰的设计起了很大影响，因为法国和意大利先后装备了381毫米的主炮，而德国研究的406毫米主炮需花更多的时间进行试验，结果最后也采用381毫米主炮。

"俾斯麦"号始建于1936年，于1939年2月14日下水，希特勒和俾斯麦的孙女出席了下水典礼，1940年8月24日开始服役，1941年3月6日，它重返基尔港，随后又驶抵波罗的海进行演练，"俾斯麦"号的下水曾轰动一时，它被吹捧为无懈可击的"永不沉没的"战舰。

雷德尔与邓尼茨都是德国海军的杰出领袖，但两人因经历不同，在指导思想上出现了分歧。邓尼茨认准英国是德国的死敌，德国必须把发展潜艇放在首位。雷德尔元帅是大炮巨舰主义的代表，支持大型水面舰只的发展，同时，他认为英德海军协定缓和了英德矛盾，潜艇不再那么重要了，所以不想建设一支大规模的潜艇部队。两人的矛盾发展到大战后期，最终以雷德尔下台而解决。

当希特勒发动战争前夕，由于情况的巨变，德国海军实际上是处于战略思想严重分歧和战备计划未完成的状况。1938年秋，德国海军总部成立了制订对英作战计划的委员会。海军总部根据其建议提出了两个方案，第一方案是以现有的潜艇和袖珍战列舰对英国海上通道和商船队进行绞杀战，其优点是可以马上实施，不足之处是只能对商船进行攻击；第二种方法是建立一支力量均衡配置的大型舰队，它不仅能对商船，而且也能对英国舰队进行海战，英国海军会因为要保护漫长的航线和众多的商船而分散，从而更加被动和遭到削弱。这项方案称为"Z方案"。当海军元帅雷德尔将两个方案交希特勒决定时，希特勒采用了后者，批准建造6艘超级战列舰、3艘战列巡洋舰、6艘轻巡洋舰，除当时已建成和正在建造的72艘潜艇外，另造27艘巡洋潜艇、47艘大型潜艇、75艘中型潜艇，以及28艘小型潜艇。

德国二战前的海军扩充是在1937年开始的。当时确定的"Z"计划已经按照希特勒有关对英作战的指令做了修正，海军司令部认为英国半数军舰都部署在海外，德国的真正对手只有其本土舰队，原计划无须修改，只要加速执行即可，但是在如何扩充舰队的问题上有分歧：得到海军司令部支持的大多数人要求以战列舰和巡洋舰为优先项目，而少数派主张优先考虑扩充潜艇、驱逐舰、鱼雷艇等小型舰只。邓尼茨完全反对"Z"计划，他的观点遭到排斥。海军的决策者反复强调：不会与英国开战，邓尼茨的潜艇战思想已经过时，潜艇在英国采用潜艇探测器的情况下已经不再具备实战价值，只有大型水面舰只才有可能截断英国的海上生命线。这一分歧上交希特勒做最终裁决，他于1939年1月27日正式选择了后者，并指令以最快的速度实施"Z"计划。

邓尼茨不同意这一方案，在他看来，英国将不会坐视，大规模的造舰计划会引起英国的强烈反应和反措施，战争可能提前爆发，结果德国将既无强大的水面舰队，又无充足的潜水艇。而且根据1938—1939年冬季的演习，至少应有300艘远洋潜艇（其中中型潜艇占三分之一），方能达到扼杀英国海上交通的目的。1939年夏天进攻运输船队的模拟演习证实了他的观点是正确的。为此，应马上扩充潜艇部队，并研究如何进行对英国海上通道实行封锁。邓尼茨认为一旦战争爆发，英国会立即采用一战期间非常有效的护航系统，因而他自1935年始，连续数年时间改进潜艇战术，创造了"狼群"战术，即由潜艇司令部直接指挥和控制的潜艇群对敌船队进行密切配合的连续攻击。因此，德国需要在1935年英德海军协定的范围之内制订一个庞大的造艇计划，以中型潜艇为主。而德国海军总部则认为，今后须以单艇进行的远洋潜艇战为主要作战方式，所以应多造能够长期在海上作战的大型潜艇。这种意见分歧影响了造艇计划的实施。

战争爆发后，原计划已无法改变。德国能够使用的只有3艘袖珍战列舰和57艘潜艇，其中能够马上投入战争的只有2艘袖珍战列舰和23艘潜艇。德国就是以这样一支力量挑起大西洋之战，并与占绝对优势的盟国海军周旋了五年之久。

在扩充舰只的同时，德国海军突破了不许其拥有飞机的禁令，在1935年曾拟订发展海军航空兵的计划，准备建立25个航空中队，

邓尼茨，德国潜艇部队司令，1943年1月升任德国海军司令

共拥有 300 架作战飞机，含陆基的远程飞机和轰炸机、航空母舰上的战斗机和俯冲轰炸机，以及某些舰只上的侦察机。在此之前已经秘密拥有军用飞机，并开设了"私人"飞行学校，用水上飞机进行训练。航空兵人员全部来自海军，受过基本的海军训练。飞行训练十分严格，受训者大部还将返回舰上服役。然而，这一宏大的计划未能实施，原因是德国空军首脑戈林越来越对海上目标感兴趣，反对出现一支独立的强大的海军航空兵，他曾宣称："凡是能飞的都属于空军。"他利用与希特勒的特殊关系，把持了几乎所有飞行部队，海军最后能够保留的为数不多的飞行中队无法在广泛的海域与舰队配合作战，这使得德国海军的作战受到很大的影响，德国曾设计和建造"齐柏林伯爵号"三艘航空母舰，由于种种原因均未建成。

英德海军协定签订之后，德国在造舰技术方面还存在几项重大问题，其中最关键的是采用何种动力系统，专家们持两种意见，即重型柴油机或高压蒸气涡轮机。争议的结果是，决定在战列舰和重型巡洋舰上装配高压蒸气涡轮机。这种方案的优点是可有效地提高航速，不利之处就是燃料消耗量过大并因而缩小了作战半径。与之相比，装备了柴油机的袖珍战列舰的活动半径要大得多，可独自在南大西洋和印度洋作战。按此决定，德国不能考虑在大西洋与英国海军进行决战和以水面舰只封锁法国和英国港口。德国的大型水面舰只将在距其基地较近的海域活动，主要用于突破敌国的封锁。

1939 年 4 月 28 日，希特勒正式宣布废除 1935 年英德海军协定。同年 8 月 1 日，下令海军进行动员，部分舰只驶离基地，9 月 3 日，当英国对德宣战的消息传来时，雷德尔海军元帅神色抑郁地对参谋人员说："先生们，我们别无选择，全力以赴，从容赴死。"

英国在海军实力和地理位置上处于绝对优势。英德海军实力的对比为：航空母舰9:0，各类战列舰15:5，巡洋舰64:8，驱逐舰230:30，潜艇57:57。德国处于绝对劣势。

德国从其本身的地理位置看，其海军的机动余地是很小的，被限制在北海和波罗的海的狭小海域，英伦三岛横亘在北海与北大西洋之间，所以要从北海进入大洋也存在着障碍，一旦与英国发生敌对，很快就会被封锁住。正是由于这种不利的地理位置，导致德国海军主力在一战时始终不能进入大洋一展宏图，被局限在北海的德帝国海军只能在北海范围内活动，但是英国的生命线并不在那里，英国其实亦无必要使用海军的主力主动进攻德海军，而是在设得兰群岛的纬度上设置了大片雷区。因为后者只要被封锁在内海里，就不会对英国有实际意义上的威胁，被封锁的海军根本就不再成为值得进攻的目标了。但是，这一情况在1940年夏天发生了根本的变化，德国占有了法国北部的大西洋岸，德国海军所面临的地理条件变得十分有利，德军舰只可以方便地从比斯开湾直接进入大西洋。德国海军充分地利用了这一形势，在这里建立的基地，战争期间都成为潜艇和大型水面舰只的重要根据地，与在北方夺占的挪威各港口形成南北呼应之势，对英国的既定战略构成威胁。由于德国以登陆和空中征服英国的努力都失败，切断英国的海上运输线成为制伏英国的唯一可行途径。法国投降后，邓尼茨派遣一个委员会去调查比斯开湾的洛里昂港是否可改造为潜艇基地，并向该港运送潜艇设备。邓尼茨为了便于指挥，将潜艇司令部也迁到这里。执行作战任务后返航的潜艇不再需要经过较长的航程通过危险的北海进入基尔或布列斯特等本土港口，而在比斯开湾获得了方便安全的后勤服务。

德潜艇的数量没有变化，可是活跃在战区的潜艇数字增加了。在大西洋上从事袭船战的德国巡洋舰、袖珍战列舰也都以比斯开和布列塔尼的诸港口为自己的基地。

为了更好地配合陆空军，雷德尔元帅在1940年底就曾向希特勒建议，把战争的重点转移到地中海，在以后的三年中，随着地中海区域的形势越来越不利于轴心国，德国在大西洋的许多飞机和潜艇被调去支援，对于德国在大西洋战场的作战形成了严重干扰。因为地中海虽具有战略意义，与大西洋相比，只能占第二位，英国政府所批准的海军部1939年提出的作战计划也明确地指出，战争的主要任务是保证大西洋海路的安全，该计划指出："这一点极端重要，因为在这个地区遭受的损失可能导致一场迅速来临的无可挽回的灾难。"而在同一计划中，地中海被作为第二个重点。即便地中海的航线被封锁，英国至远东的航运仍可绕道好望角进行。相比之下，对于海战的重点，盟国方面有着非常清醒的认识。除了地中海外，德国在挪威进行的登陆及对挪威海航线的争夺，也成为影响潜艇战的一个重要牵制因素，在攻占挪威的作战中，不顾邓尼茨的反对，德国在大西洋的所有20艘潜艇都被调到了挪威海，致使袭船战停止。丘吉尔在他的回忆录的第四卷中写道："潜艇战对我们来说是致命的灾害。德国人本应把全部力量放在这上面，好好地干一下的。"

德国海军是带着三大矛盾走向战场的：海空军协同问题；水面舰艇和潜艇哪个优先、以袭击敌商船进行吨位战还是与敌主力舰队进行决战；坚持把重点放在大西洋，还是将它偏移到其他海域。事态的发展证明了邓尼茨的判断是正确的。宣战后，原水面舰艇造舰计划取消，临近竣工的加速建造，其余在建造过程中的均予以拆除。

在大战期间，德国再也没有造过大型军舰，船厂转而建造潜艇和小型军舰。

"大西洋之战"这一名词是温斯顿·丘吉尔首相首先采用的，对于英国来说，这场战争决不仅仅是一场海战，大西洋海战的胜负只有两个结果，或导致整个战争彻底胜利，或可耻地失败。

苏联虽不是大西洋沿岸国家，其海军的活动却与大西洋有不解之缘。十月革命后，沙皇俄国的海军舰只多被拆毁，自1928年，苏联开始建造小型军舰，30年代起，对保留的三艘23600吨级的战列舰进行现代化改装。斯大林重视远洋海军的建设，两次考虑实施大舰队计划，曾表示，"要一戈比一戈比地积累资金"，建造战列舰。当其他海军强国在1935年废除华盛顿条约开始新一轮扩充海军的竞赛时，苏联予以密切关注，于次年制订研制新式战列舰的"23号计划"，预计在1946年建造战列舰和重巡洋舰各15艘，标准的战列舰排水量59000吨，装备40厘米口径三联装炮塔三座，大量中口径火炮，可搭载4架水上飞机，中部水线的装甲约40厘米厚，可经受多枚鱼雷的同时攻击，航速28节，可谓超级海上堡垒，其威力超过同时期的外国战列舰。首舰"苏联"号预计经5年时间在1943年竣工。同时制造的4艘这一级别的战列舰其费用就相当于1940年苏联国家预算的三分之一。与此同时研制的万吨级重型巡洋舰，排水量32800吨，配备有30厘米口径三联装炮塔三座，数十门中口径火炮和高炮，航速32节，航程可达8000海里。装备了苏联当时所能提供的最先进的领航、声呐、探测及无线电设备，其威力也在其他海军强国同类军舰之上，亦称为中型战列舰或战列巡洋舰。首舰"喀琅施塔得"号于1940年开工。

苏德战争爆发，使上述计划被彻底打乱，两艘首舰均未竣工，"苏联"号上的重炮被卸下用作列宁格勒的陆上炮台，"喀琅施塔得"号停工。预定装备的30艘战列舰和巡洋舰连一艘也没有建成。

第一次世界大战后，美国的海上战略是以限制海军军备竞赛的"华盛顿条约"来束缚英日的手脚，使自己处于一个相对有利的地位。从20年代初至30年代初，美国在大西洋方面，保持一种低姿态，主要是利用美英之间的特殊关系，靠英国海军控制大西洋，将海军主力大部调往太平洋去对付日本。美国大部舰只仍较陈旧，1937年，开始按照条约的规定建造35000吨级的战列舰。自30年代初欧洲局势紧张后，美国国会为了限制政府卷入欧洲事务，通过了一系列"中立法案"，禁止悬美国国旗的船只进入战区，同时，在距美国大西洋岸300海里的范围内进行巡逻。欧战的爆发，德国潜艇及水面舰艇对英国海上霸权构成有力挑战，使美国再不能够依赖原方针行事。在德军攻占巴黎后三天，美国海军部长哈罗德·斯塔克要求国会拨款40亿美元建立一支两洋海军，将原舰队的规模扩大70%，增加各种舰艇257艘，其中包括27艘航空母舰。1940年9月，在英国海军力量吃紧、船只损失惨重的情况下，罗斯福政府将一战时期的50艘老式驱逐舰交英国使用。1941年3月，为确保对英国进行更大规模和更全面的援助，美国通过了"租借法案"，英国可从美国获得任何所需要的武器装备和物资。太平洋战争爆发后，美英之间的战略分工，就是美国海军在太平洋上对付日本，英国海军在大西洋水域对付德国。可是，美国输往英国的物资因德国的袭船战蒙受巨大损失，1941上半年，英国商船被击沉756艘，按此推算的年损失量将是英美年造船能力的两倍，美国必须为保护运输线提供更直接的援助，美国以用于在中立区巡逻的舰只，组成了一支大西洋护航舰队，由海军上将欧内斯特·金率领，接管了北美沿海至冰岛的护航工作。斯塔克还把美国在太平洋作战急需的一批舰只调往大西洋，包括航空母舰"约克敦"号、战列舰"爱达荷"号、"密西西比"号、"新墨西哥"号，以及4艘轻巡洋舰和2个驱逐舰编队，以增强欧内斯特·金的力量。

在北美至冰岛护航的美舰得到命令，规定要尽量避免与德舰冲突，但必须报告所发现的任何有敌对行动的舰船的位置。美国海军学院的学生提前五个月毕业，海军新兵训练中心将每月受训者的人数增加到5000名。

1941年10月，美驱逐舰"卡尼"号在北大西洋护航途中被德国潜艇的鱼雷命中，有11人丧生。同月31日，美国另一艘驱逐舰"鲁本·詹姆斯"号也中了鱼雷，弹药库被引爆，舰身被炸成两段，死亡100余人。美国正式参加大西洋之战，只是时间问题。一个多月后，日本袭击珍珠港，美国对日宣战，与日本的盟国德国处于战争状态。

二

生命线之战

英国和日本这类岛国的海军，首要任务就是保证商船队的安全，保证其海上航线的通畅，否则的话，其工业将不能运转，其人民将面临饥荒。日本的惨败在美国向广岛投掷第一颗原子弹之前很久就已经决定了。丘吉尔在《第二次世界大战》一书中写道："英国人民的生活、经济建设、战争物资的生产乃至在这场战争中最终的生死存亡，均取决于这条生命线。"当时，德国海军的基本战略方针就是切断英国的海上交通线。邓尼茨在《第二次世界大战中的德国海军战略》一书中写道："在与海上强国英国的作战中，德国最重要的海上战略任务是进行吨位战以击沉英国的商船，只有采取这种方式，我们才能取得对英国作战的决定性胜利。"英国因为在战前没有对此足够地重视和进行准备，吃了很大苦头，在战争后期方进行改进。德国对这一重要问题的看法，也是到战前才变得明确的。交战双方为切断和保护生命线进行袭船和护航。生命线之战规定了大西洋海战的主旋律。

1941年2月9日，丘吉尔发出战斗的预言："我们可以预期，希特勒将竭尽全力袭扰我们的海上运输,减少能够抵达本岛的美国援助的数量。占领了法国和挪威之后,他的利爪已经从海上的两个方向扼住我们。""没有船,我们不能生存;没有船,我们不能征战。"

1941年3月6日,丘吉尔正式将这场战争称为"大西洋之战"。

邓尼茨对这一点看得十分清楚。1943年起担任英国海军大臣的坎宁勋爵在1959年发表于《星期日泰晤士报》上的一篇文章中指出:"首先值得注意的是,当入侵英国证明为不可能时,邓尼茨却看到了能使这个国家屈服的唯一途径,他的见解是十分正确的。他实施他的慢性绞杀的战略——击沉我方商船——是十分冷酷无情的。他始终看得很清楚,大西洋是唯一能使德国获胜的战场,所以他一直反对把兵力转移到地中海甚至北极线去。……我要重复地说,他的判断是完全正确的。……结论是:卡尔·邓尼茨可能是英国自罗退尔以来所面临的最危险的敌人。他的建议极少为他的政治领导人所采纳,这对我们来说是十分幸运的。"

回顾一战历史,潜水艇虽然促成了美国参战,但是也几乎为德国赢得了战争,潜水艇曾经是"恐怖的武器",潜艇战也冠有"不合乎人道"的恶名,但其效果却是不容置疑的。1918年,德国陆军的最大春季攻势已失败,8月间,英军以大量坦克实施进攻,鲁登道夫将军称之为战争的"最黑暗的日子"。战败投降已迫在眉睫,而德国的潜艇仍在威胁着敌人,潜艇已成为德国唯一进攻的利器。除了众多的商船外,1914至1918年间,被潜艇所击沉的英国军舰共有62艘,其中包括5艘战列舰和5艘巡洋舰,被炮火击沉的只有37艘,被水雷炸沉的有44艘。一战结束后,德国共向协约国交出了176艘潜艇,另外200艘在建造或修理中的潜艇也被战胜国监督销

指挥作战的邓尼茨

毁。1955年，英国历史学家德鲁·米尔顿在唐宁街和丘吉尔谈到第二次世界大战1940年的关键时刻，米尔顿问及丘吉尔当时有没有想到过面临失败，丘吉尔深吸了一口雪茄，说道："不，1917年比那时更要严重得多，我真的认为那些可恶的潜艇会置我们于死地呢。""在战争期间唯一真正使我感到恐惧的事情是潜水艇的威胁。"

两次大战之间的20年，各海军强国都在设法增加其潜艇的水下和水面航速，同时设计威力更大更准确的鱼雷，可是到1933年以前的15年中，德国尚未参加这场竞争，1930年后恢复研究，但是开始时仍遭到上层领导人物的反对，希特勒及海军司令雷德尔都认为英国不会为波兰和法国的丢失而参战，只有当其切身利益，如外贸和海上运输线受到重大威胁时才会诉诸武力。德国不应以建立强大的潜水艇舰队来刺激英国。

德国的标准潜艇排水量是500吨，时速16节，艇首有4具鱼雷发射管，艇尾另有一具发射管。载有鱼雷12至14枚，活动半径8700海里。

潜艇的战术具有很强的流动性，凡是商船所至、航线网络所及的海域，都是战场。战争对德国人来说是发现运输队，并突破或粉碎敌人的防御；对盟国来说则是测定敌舰的位置，然后加以摧毁。盟国主要的作战武器是护卫舰和潜艇。探潜器装在驱逐舰的底部，以一个弧度移动，发出和接收信号，被水下物体反射回来的信号传到驾驶台的接收器，驾驶台可以根据信号发出和收到时的时差，来判断与目标的距离，逐渐接近目标，进入攻击位置。

潜艇对高速行驶的船只和有严密护航措施的船队是无能为力的，用巨型邮船改装的"玛丽女王"号和"伊丽莎白女王"号的时速超过26节，采取曲折航线，能够甩掉任何潜艇的跟踪，而最容易落入狼口的就是那些掉队的没有保护的船只。

德国潜艇在历时约69个月的大西洋之战中基本独自作战，偶尔得到战列舰、巡洋舰、辅助巡洋舰、远程轰炸机和意大利潜艇的支援。到1942年底，德军在苏联和北非战场上都失利，日本在中途岛之役中遭惨败，盟国军队在几乎各条战线上均取得了战略主动权，而唯有大西洋之战的主动权仍在德国手中，德国潜艇仍在大肆逞虐，而且直至战争结束为止。

在1935年，关于潜艇战术有三种不同学说：英国海军部的、德国海军总司令的，以及德国潜艇部队司令邓尼茨的。英国海军的骨干是战列舰和快速巡洋舰，潜艇没有地位，一般是单艇配合大型水面舰只作战，不集中使用。但它们的速度又太慢，跟不上水面舰艇，在气象条件差的时候尤其如此。所以，在庞大的皇家海军中，仅有57艘潜艇。另外，因探潜器和反潜武器的改进，使得英海军认为可轻而易举地逼迫敌艇浮出水面，靠小型舰只的火力和机动性，完全可将它击毁。而且经"英国船只防护顾问委员会"论证，于1937年得出结论：潜艇再也不能够像上次大战那样威胁英国的补给线。这一论断更强化了原有的错误观点：潜艇在未来战争中不会再发挥重要作用了。这种看法在大战前夕的德国海军中也占支配地位。

但是，卡尔·邓尼茨有完全不同的看法，他认为潜艇将大有作为，并创造性地发展了潜艇战术。首先，他将传统的远程攻击改为近距离攻击。1935年之前，德国基尔的潜艇学校训练中规定不得在3000米以内对目标发起攻击，以减少被敌方探潜器发现的可能。上述英国的顾问委员会也是据此做出德国潜艇鱼雷齐射的命中率将非常低这一判断。可是邓尼茨否定了这个结论,要求潜艇指挥官在距目标600米之内发射鱼雷。后来的实战也证明了这一战术的有效性,从而提高了潜艇的地位。当时的潜艇,前部有三个发射管,后部有一个发射管,另有七枚备用鱼雷。发射后,重新装弹如在平静的水面上至少需20分钟,在大西洋的汹涌波涛中,重新装弹无法在水面进行,必须潜入水下,这样至少需要一个小时,等到重新浮出水面时,敌船队早已消失得无影无踪了,远距离的不精确进攻往往使潜艇无功而还。邓尼茨的对策是,选择最大的敌船,抵近射击,力求每发必中。

其次,由以白天、水下作战为主,改为夜间、水面进攻。当时的潜艇实际上大多数时间都是在水面航行,开赴战区的途中和进行充电时都是这样。只在进攻和避免被发现的情况下才潜入水中,而邓尼茨要求潜艇在接敌时也保持水面航行,只是在风大浪急的情况下才下潜。这样,潜艇的巡航速度由水下的4海里提高到水面的10海里。在暗夜中,潜艇轮廓低且小,不易发现,它们可机动到面向较光亮地平线的一侧,瞄准敌船大且清晰的轮廓开火。后来的实战证明,夜间水面进攻战术非常有效,这时潜艇很难被反潜装置探测到,也便于反复发动进攻,而且由于艇身很低,敌驱逐舰舰桥上的警戒哨在夜晚的黑暗背景下不能看清,几乎可完全不被发现;在水面时速可达18海里,快于某些护航舰只。

最后,最重要的是,由传统的单艇作战改为潜艇集群作战,即所谓"狼群"作战。一般认为,邓尼茨是一战被俘时,在英国的战俘营中构思出"狼群"战术,其实,真正的首创者是另一名潜艇军官赫尔曼·鲍。邓尼茨则将它完善并投入实战。

自 1935 年始，连续数年时间有针对性地改进潜艇战术，到 1939 年终于形成了实用的"狼群"战术，即由潜艇司令部直接指挥和控制的潜艇群预先横亘于敌船队必经的航线上，发现敌船的第一艘潜艇要立即向其他潜艇报告目标的位置，引导附近巡弋的友艇与之靠拢，在与敌保持接触的同时组织艇群，白天与目标保持刚刚能看见其桅杆的距离，并在继续保持这一距离的情况下进入敌航线前方，于晚间从水面上抵近敌船，进行连续攻击，天亮前退出战场，这种攻击有时可持续几天。狼群战术的关键是与敌保持接触和组织艇群，各艇在集结和拦截时接受集中指挥，实施攻击时完全自主，它将艇群配合与单艇的机动性融为一体，是当时最先进的潜艇战术。这样，邓尼茨完全改变了单艇随机作战的碰运气的老方法。潜艇作战成为一种集中指挥与高度主动性合为一体的成熟作战模式。

德潜艇战所遵循的最主要原则就是在关键地点集中最大的兵力。潜艇发现护航船队后并不立即攻击，而是把船队的大小、位置、航向、航速等报告在法国洛里昂的潜艇指挥中心，由管制中心通知在该海区的其他潜艇，向船队附近集中。

英国历史学家罗斯基尔海军上校曾对邓尼茨的战术作过如下评述："这种被人们称为狼群战术的作战方式，在 1940 年至 1941 年 3 月间逐步被采用，这一变化使我们措手不及，其原因自应加以分析，但是从英国的观点看，这种战术造成了最严重的后果，因为敌人采用了一种我们从来没有遇到过的进攻方式，而我们无论在战术上还是在技术上都没有做好抵御它的准备。"

潜艇作战有其独特之处，在许多国家都有"同舟共济"这一格言，潜艇官兵更能体现这一点。约 40 名官兵生活在一个狭小、空气混浊的钢管形舰体中,邓尼茨始终非常注意维护德潜艇部队的士气和团结。一般地说,船上结成的集体要比陆上所能结成的集体更加紧密,船上空间有限,必须克制自己,与别人协调;在严酷的自然条件和随时可能发生的几乎是必死无疑的战斗中,每个船员也都更能体会个人与集体的共同命运。另外,官兵之间也更具信任,舰上的人没有一个是多余的,每个人的一举一动都对全体的生命起着决定性的作用,可称相依为命。指挥官首先决定着潜艇和全体成员的命运,乘员中,只有指挥官一人可从水下潜艇的潜望镜中看到敌人,并决定如何行动,潜艇其他成员都是盲目的,是名副其实的瞎子。他们必须信任、服从艇长,把自己的命运托付给他,无条件地服从他,并融为一个整体。

在作战区域的选择上,邓尼茨奉行"经济投资原则",当某一海域因盟国采取的防御措施和护航技术使潜艇作战无利可图,就尽速把作战重点转移到来往运输船队较多而防御又薄弱的地方,这一原则的目的是尽可能快地削弱敌人的航船吨位。潜艇数量本来就与原定的300艘有悬殊差距,他反对任何把潜艇用于与此无关方面的作战。

潜艇战的指导思想是从事最"经济"的作战,即以最小的损失击沉尽可能多的敌商船,切断英苏与其在大洋彼端的战略后方的联系,而尽量避免同敌舰接触。吨位战,是潜艇与盟国造船厂建造能力之间的一场大竞赛。德国海军作战局对各盟国主要造船厂的能力作了相当精确的估计。估计1942年为700万吨(实际为718万吨),按这一数字,至少每月需摧毁60万吨船只方可压倒对手。1942年,同盟国共损失船只约770万吨,德国在这场竞赛中占了上风。德国

拥挤的潜艇内部生活

海军作战局搜集的数字估计盟国1943年将造船1080万吨（实际为1238万吨），每月需击沉90万吨方可达到目的，鉴于德国潜艇的战斗力较稳定，数量又在增加，邓尼茨认为不难达到这一目标。

但是，当时德国投入作战的潜艇不是按邓尼茨的要求设计制造的，按照这种新战术，德国需以中型潜艇为主，而德国海军总部则认为，今后的潜艇战仍是以单艇远洋作战为主要方式。所以应多造能够长期在海上作战的大型潜艇。这种意见分歧影响了造艇计划的实施和作战效果。

德国海军受制于希特勒的政策，较预计早七年投入战争，战争初期仅有57艘可用于实战的潜艇，其中30艘为近程潜艇，只适于北海作战，其他27艘远程潜艇中，有17艘于1939年8月就驶入大西洋，平均每日在海上的不过总数的三分之一。即便如此，因潜艇质量的提高和战术的改进，在战争的头三个月中，仍以损失9艘的代价击沉英国大型舰只2艘、商船114艘。1940年击沉盟国商船417艘，218万余吨；1941年，击沉432艘，217万吨。1942年潜艇战达到高潮，击沉盟国商船1160艘，总吨位626.6万吨。潜艇战的巨大效率和每月30艘潜艇的生产能力，加上海战中平均不到7%的损失率，使其威力达到了顶点。

英国当时只有150艘适于反潜的驱逐舰，其中约一半是第一次世界大战时留下的。另外拥有几个中队航程为510英里的双引擎飞机，负责北海的侦察警戒任务，还有两个中队航程为810英里的桑德兰式水上飞机。这些舰只和飞机需要照料的是为数众多、散布很广的商船队。1939年在英国注册的商船为3000艘远洋货轮、油轮，以及1000艘近海货船，总吨位为2100万吨。平均每日在海上的船只为2500艘，而在1918年，商船队规模远低于这个数字，直接用于护航的军舰257艘，另有500艘亦时而参加护航，此外还有190架飞机，300架水上飞机或飞艇，以及75艘飞船。尽管如此，这支庞大的护航力量仅能保证在西经12.5度以东，即至离爱尔兰岛约100海里之处，为离英的船只护航。此后，所有船只继续编队航行两天，然后散开各奔目的地。而护航队在这一地点正好接到由武装商船护卫的返回英国的船队。

几乎在整个大西洋之战中，潜艇都是在接近护航队时方被发现，在其他情况下，似乎可以逃避水面和空中的搜索。而在接近船队时，则因为搜索水域大为缩小和潜水艇需浮出水面，而增加了被发现的机会。盟国日益认识到扩大护航的重要意义：它不仅仅是防御，更是消灭敌艇的最有效方式。

另一点需指出的是，在这次战争中，只有当一方采用了新技术手段而敌人又未觉察时，才会取得战果，所以大西洋之战也是一场技术竞赛：经济投资原则和吨位战的打算被盟国技术方面的进步破坏了。盟国方面的技术进步主要体现在电子侦测器材和反潜技术方面，德国则持续地改进潜艇、鱼雷和水雷。从战争一开始，德国潜艇就发现它们可以轻而易举地靠近英国军舰或潜入其港口，只有当它们发射的鱼雷提前爆炸或未击中目标时，才会被当即发现，因为老式的G7a式鱼雷发射后拖有明显的航迹，使潜艇的位置一目了然。

德国在大战初期使用的鱼雷与英国的属同一类型，都是气动鱼雷，效果很差，不能保持预定的深度，磁性引爆装置也常出毛病，潜艇指挥官给邓尼茨的报告让他大为惊异，报告中写道："在战争史中，还从未有人被派去以如此糟糕的武器打仗。"德国海军的对策是发展电动鱼雷和采用触发引爆装置。这种新式武器在发射后几乎看不到航迹，难于躲避，而且也难以发觉发射它的潜艇的位置，它是大西洋之战中德国海军使用的主要武器。战争后期，德国又根据对抗猎潜舰只的需要研制了声寻的鱼雷，它追踪敌船螺旋桨的噪音，专门对付搜寻潜艇的敌舰。另一利器是磁性水雷，大战期间，德国海军的主要任务不是搜索和攻击英国舰队，而是袭击商船队和破坏交通线，布雷是一项重要任务，磁性水雷是执行这一任务的利器。1939年冬至1940年春，派驱逐舰在英国沿海敷设了大量水雷，其中有1800枚磁雷。为防止落入敌手，规定只能在有把握获取战果和确保不会被海流冲上岸的海域布放，德国空军在封锁英国内河的行动中，只分配到了68枚磁性水雷，即便如此小心，仍有一架飞机将一枚磁雷投放在泰晤士河口东面的沙滩上，向英国皇家海军赠送如此一份厚礼，没有比这再好的地方了。附近就有一家海军工厂，英国技师用特种工具除去了磁雷的引信，很快掌握了它的秘密。

为了对付德国潜艇，英军侦察机和部分船只装备了雷达定位装置，使得德国潜艇即便在夜间浮出水面也会遭到轰炸。德国军事部门很难摸清敌人采取了哪些新技术，只能要求潜艇艇长细心观察和记录敌人舰只在护航和反潜方面的细小变化并仔细向上级汇报，情报和科技部门根据这些详细的汇报来制订反措施。不久后，潜艇上装备了一种称为"梅托克斯"的雷达电波接收机，它可收到英国飞机和军舰上雷达的脉冲，从而躲避敌人。但是这种措施不久就被英国的新技术抵消了，潜艇接连挨炸。由于隶属德国大西洋空军司令部的飞机既少且旧，根本无法与英国空军相匹敌，因此为潜艇配备了威力更大的高炮（两门C-38型20毫米高炮），以对抗俯冲轰炸机。

经验证明，攻击的最佳时机是在与敌船队接触后对方尚未得到增援的两个夜晚，及早发现战机有着非常重要的作用。然而德国始终未能拥有足够数量的远程飞机执行侦察任务。而英国的远程飞机的航程不断增长，又配备了雷达，可及早发现德国的潜艇巡逻线并加以规避。德方的反措施是增加潜艇数量和延长巡逻距离。为了这一需要，采用了新式的IX型潜艇。另外，又采用了新式平面搜索鱼雷（即曲折航行鱼雷）以及新的磁性鱼雷引信，以图从较远的距离和不利的角度攻船。

对英国来说，最危险的武器就是潜艇，而如何对付这一威胁却有分歧。过了相当长的时间才确信最为有效的方法是加强护航系统，但是，空军和海军均不愿承担这项并非纯粹的作战任务。盟国反潜行动缺乏统一的领导，1942年夏季，英国成立了反潜作战委员会。丘吉尔亲自担任主席，美国也派代表参加。该委员会成为反潜作战的最高指挥机构，规定统一的原则，并负责保证反潜所必需的装备和物资。但与德方对潜艇战实行集中指挥和控制相比，盟国方面美、英、加之间，各国海军、空军、海军航空兵之间存在过多的权力之争和平行重叠机构，缺少协调。1943年3月1日，召开了大西洋护航会议，规定北大西洋护航的职责和范围，以西经47度为作战控制变换线。该线以西由加拿大接管，以东由英国负责。美国护航舰只从北大西洋撤出。新成立的第十舰队作为机动舰队（支援舰队）负责从美洲至直布罗陀的一切反潜作战。盟国除完成了上述调整外，还发明了一系列新式武器装备：新式探照灯、厘米波空对海搜索雷达（使得在能见度很差的情况下也能从荧光屏上对敌了如指掌，而且可发现夜间浮出水面的潜艇)、火箭发射器、舰载飞机(航空母舰配合支援舰队，舰载机与陆基远程飞机扩大了空中掩护的范围)、多管深水炸弹发射器，以及音响跟踪空投鱼雷。空军海岸防御指挥部下令皇家空军作战分析部门对 1942 年 6 月至 1943 年 2 月期间执行的飞行任务进行一次统计分析。结果表明，这一时期执行护航任务的飞机每飞行 29 小时便可发现一次德国潜艇，而到 1942 年 9 月，在比斯开湾执行巡逻作战任务的飞机，平均每飞行 164 小时才发现一次德国潜艇。1942 年 10 月后，在德国潜艇装备了"梅托克斯"雷达电波接收机之后，这一平均飞行小时数又增加到 312 小时。这一分析结果有力地证实了反潜的最佳方法如同一战期间，仍是采用护航系统。

由于护航舰只有限，影响了护航的有效性。船队的护航司令往往担心船队的安全，不敢让护卫舰穷追和尽可能地摧毁已发现的潜艇，而只满足于将之驱走了事，迫使潜艇下潜后，就马上中断追击，重新集结护航队，以防敌人再次来攻。许多潜艇也就因而绝路逃生，这一状况，促使盟国海军在护航舰队之外建立支援舰队。这种舰队由反潜舰只组成，不负担具体的护航任务，独立作战，只要发现敌艇，就穷追不舍，直至将之击毁为止。这使德国潜艇难于进入攻击位置，而且生存率降低了。

盟国建立了无线电定位网，这样，即使敌艇的波长经常变换也可被准确地截获。装有德国潜艇不可能发现的厘米波雷达的飞机，不断在北大西洋扩大空中侦察范围，从而较准确地掌握敌艇的位置，通知船队适时改变航线。德国方面的对策是通过无线电侦听和破译来发现对方的变化，从而采取相应反措施。

盟国反潜战还使用了一些新式武器装备。首先是探潜器，它用于搜寻水下的潜艇。它是在一战末期由协约国的"潜艇探测委员会"的技术人员发明的，主要部分是一个声波发射、接收装置，根据罗盘确定反射声波的物体的位置及其距离，理论上不难，而实用上不那么简单，它会受到所在船只航行时噪音的干扰，反潜时必须以中速行驶，区别鲸、鱼群和潜艇的回声信号需要经验，另外，目标的深度在当时的技术条件下很难准确测定。如发现的目标深于1000码，还要进行复杂的计算，求出其航向和速度，在与敌艇航线相交的时刻从船尾和两舷按一定时间间隔投掷深水炸弹，在大片水域时，数艘反潜舰以大约一海里的间距进行搜索。

1943年，盟国改进了深水炸弹，采用齐射投射器和触发引信，一次发射就在近百米的距离内投放24枚炸弹，覆盖较大面积的水域，潜艇几乎没有预警时间，只要发生水下爆炸，就可断定击中目标。

另一武器是高频测向器。在二战前，已经发明了从航船上测定中波电波发射台位置的仪器。对短波发射台位置的测定一直存在困难，只是在战争进行了两年后，才有了解决办法。为了确定目标的方位和距离，必须由数艘装备了这种仪器的船只从不同位置同时侦测，德潜艇跟踪船队和袭船时，都要与指挥部进行频繁的电讯联络，这样就使装备了高频测向器的盟国船队及早发现敌艇的位置、数量和自身的安全状况。除了10厘米波长雷达之外，高频测向器是反潜战中最为得力的装备。这两者的结合使用，使潜艇的袭船战变得困难重重。

英国能用于远程护航的皇家海军舰只仅有22艘小型护卫舰。其排水量为1000吨左右，时速16节。它们适用于和平时期远洋船队的警卫任务，官兵更适应热带而非北大西洋的寒带气候。这类舰只的主要问题是速度低于敌潜艇的18节，其优势是航程远。其他能适应远洋护航的是一些第一次世界大战时的驱逐舰。它们在一战后被较新型的舰只从海军中替换下来，但是一直作为预备役舰只保留着。驱逐舰以及较小的"花"级护卫舰，担当了大西洋之战的主力。这种护卫舰原是为近海护航之用，舰体较宽而坚固，排水量1010吨，前甲板长，续航强，可不加油横渡大西洋。因长度不及驱逐舰，所以不那么颠簸。它们速度较慢，为15节，但很灵巧。在护航舰只奇缺时，英国的十多个造船厂成批地生产这种小型军舰，生产速度远在驱逐舰之上。以后每支护航队都配有四至五艘"花"级护卫舰，它们的作用是在发现敌艇后，接替驱逐舰护航，让后者全力反潜，在1940年后半年及1941年初，有近百艘这种船加入护航。黑天鹅级小型护卫舰时速19节，配有4英寸口径高仰角火炮，亦是一支主力。大量拖网渔船被海军部征用，装上了潜艇探测器和深水炸弹发射器，主要担任港口附近航线的警戒任务。由于护航舰只奇缺，后来也被征用于护航。因为速度慢和装备的深水炸弹威力小，在反潜中没有什么建树。它们所起到的作用，是救护和守卫那些被击伤的船只，使军舰能够放手进行追击。

1940年8月，任何横渡大西洋驶往英国的船只，若时速低于15海里，就要编成运输船队。有两种规格，一种是快船队，时速为9至14.5海里，在加拿大的哈利法克斯和新斯科舍集结；另一种是慢船队，船只载重量大，动力小，时速7.5海里以上，在悉尼和不列敦角集结，代号分别为HX和SC。慢船队原计划仅在夏日组织，后

准备横渡大西洋的盟国护航船队

因战争的需要，在整个冬季都横渡北大西洋，直至战争结束，发挥了重要作用。

驶离英国的船只是按其所来自的港口编成船队的，在英国东海岸集结的代号为 OA 船队，在利物浦和贝尔法斯特等港口集结的称为 OB 船队。由于此时德国的潜艇战还未遍及整个大西洋，这两个船队在越过西经 15 度之后，就分散开各奔前程了。护送它们的舰队在这里从一两艘武装商船手中接管赴英船队的护航任务。在西经 15 度以西，是没有反潜保障措施的；另外，因护航的加强和岸基飞机的侦察效能提高，德国潜艇的活动范围日益西移，从法国获取港口也有助于这一转移。结果在 1940 年夏，潜艇的战果剧增，在 15 度线附近，分散开的和缺少保护的盟国船只被击沉甚多。此后，规定船队在 17 度以西方可解散，这仍不能保证安全，可是舰只有限，只能如此。

除了护航舰只不足的问题之外，盟国在战争初期还不知如何解决护航与搜索之间的矛盾。由于组织了搜索船队和迷信搜索巡逻，大批船只被牵制在搜索行动中，未能用于急需的护航。每个搜索队有一艘航空母舰和数艘驱逐舰，但因为飞机最初没有装雷达，成效很差。9 月 17 日，担任搜索任务的"勇敢"号航空母舰被 U-29 号潜艇击沉，人员损失惨重。大批舰只和急需的设备用于在空荡的大洋中搜索，而船队有时仅能留下一艘驱逐舰作护航之用。

1939 年 9 月大战爆发后，潜艇主要在直布罗陀与新赫布里底群岛之间进行单艇作战。次年侵占法国和轰炸英国，使潜艇战获得几个新的有利条件，第一，在比斯开湾获取的前进基地，使在大西洋上的作战距离缩短了 450 海里。第二，进出英国的船只因为德空军的轰炸被压迫在苏格兰和爱尔兰之间的狭窄航道上，为潜艇作战提供了密集的目标。第三，英国驱逐舰都集结在本土附近，防范敌人登陆，顾不上德国的潜艇。第四，德国潜艇至1940年7月虽损失了25艘，补充了51艘。数量增加了，但德国缺乏足够的空中保护和远程侦察机，不能及早发现盟国商船并通知潜艇进入伏击阵地。

潜艇群的典型作战方式，是在北爱尔兰和冰岛敌人沿海警戒区的边缘地带组成横向巡逻线，逐步向西搜索，捕捉西行的盟国船队，并且根据指挥部提供的最新情报进行伏击。船队较大时可以召唤附近的艇队，这样便可同时有15到20艘潜艇集中对付一支船队。作战时，尽量接近船队，躲过敌护航舰只的驱赶和注意发觉敌船队的规避行动，紧紧咬住目标，跨越大西洋长时间地追击。接近北美后，潜艇可通过预先等候在百慕大群岛附近的潜水油船加油。然后，它们在纽芬兰附近重新组织成巡逻线，向东搜索。这时，它们如果发现了驶往英国的船队，便可逆向横越大洋进行追击。追击结束后，仍有充足燃料和弹药的潜艇可投入新一轮作战。那些受伤的和需补充的就返回在法国的基地。三个半月一轮，每次战斗持续四到八天。在1942年的10月，德国在北大西洋航线上有40艘潜艇，可以在北大西洋的东西两侧各设立一两道巡逻线。

1943年春，德国潜艇战取得了超出预料的成功，而物极必反，它也是大西洋之战的转折点。德国凭优良的战术和集中指挥所取得的战果被继之而来的盟国强大如潮的生产力和技术优势压倒了，仅美国的造船速度就已经超过了德国潜艇所能造成的损失。盟军在电子侦察和空中力量方面的优势使德国望尘莫及，无线电高频测向器可通过潜艇与总部的通信确定敌艇的位置。美国的B-29解放者式轰炸机和护航航空母舰投入使用，使横穿大洋的航线无懈可击，而且不仅仅是护航力量增强，以美国军舰和飞机为主的反潜力量大大扩充，组成了多个专用于反潜的分舰队。战场上越来越经常的情况是，潜艇被跟踪和遭到袭击，主动权已不在潜艇一方了。潜艇的每次袭船都开始显得慌慌张张，讨不到什么便宜，这一根本性变化正是发生在邓尼茨接任海军司令之后不久。金黄色的三月之后，是灾难性的"黑色的五月"。潜艇的损失达到创纪录的41艘，袭船也不再顺手了，邓尼茨为袭击一支从英国驶向北美的由42艘船组成的船队，集中了四个艇群56艘潜艇，从4月28日到5月6日进行轮番攻击，击沉12艘，但付出了8至10艘的代价。邓尼茨在潜艇上服役的一个儿子也在这个月阵亡。

邓尼茨已看到了希望的幻灭，他对局势的发展作了这样的评论："面对这些损失，我们一次又一次激烈地辩论有无必要坚持潜艇战，或者改为采用其他手段，但是当看到有如此之多的敌人力量被我们的潜艇所牵制，我们只能得出一个结论：潜艇战必须以现有的兵力持续进行下去，不应只看到损失而不看到成功，我们必须接受这样的损失，尽管它令人痛苦。"邓尼茨的潜艇战确实按他的决心进行到了战争的最后一天，但在1943年5月以后，从未再能给盟国的海上生命线带来致命的威胁。1943年以后，德国潜艇只是在获得音响寻的鱼雷时曾有短暂的一段时间回到北大西洋，但再次遭到重创。

战争末期，德国潜艇的活动主要在欧洲沿海，多为单艇，邓尼茨把希望寄托在新型潜艇上，这是一种半潜式的潜艇，可用内燃机在潜望镜和排气管的深度航行，不必要浮出水面，因而可减少被盟国雷达和飞机发现的危险，但未能投入使用。在大西洋之战中，德国共损失潜艇781艘，其中191艘是被美国舰船和飞机击沉的。

三

首批牺牲者

1939年8月中旬，德国的潜艇已经驶入大西洋，9月3日中午，各艇都准备收听一条特别新闻，收音机中播出的进行曲，已让官兵们明白了三分：又要打仗了。接着，播音员以高昂庄重的声调发布新闻："这是大德意志电台，现播送特别节目，英国政府在一项照会中对德意志帝国政府提出了以下要求：在波兰地区的德国部队返回其出发地域。今天上午9时，通过英国驻柏林大使递交的这份照会声称，如在今天上午11时仍不能得到令伦敦政府满意的答复，英国就将同德国处于战争状态。答复是非常明确的，德国政府拒绝迎合与满足英国政府的这一要求。"特别新闻结束后不一会，收到海军司令部的通知，"立即开始对英国的作战行动。"

随着英德宣战，大西洋之战揭开了序幕，但是，第一批牺牲者却是无辜的百姓。1939年秋的欧洲，已为纳粹侵略的阴影所笼罩，人心惶惶，局势风雨飘摇，有钱的和能在海外投亲靠友的人都在盘算着能到美洲去躲躲风声。人们预感到剩下的时间不多了，任何一班驶离欧洲的客船，都是满载，船票被抢购一空。

9月1日下午,英国格拉斯哥港客运码头上人群熙熙攘攘,经贝尔法斯特和利物浦驶往加拿大的客船"雅典娜"号的乘客正在登船,广播喇叭中提示旅客们有关这次航行的注意事项,时而插播着当天的战况,德国装甲部队正突破波兰的边界防御,向华沙方向开进,波兰的许多城市和铁路枢纽遭到俯冲轰炸机的狂轰滥炸。英国因和波兰有同盟关系,被卷入战争只是个时间问题了。登船的旅客来自十多个欧洲国家,他们心中为能离开这片战云笼罩的不祥之地而暗自庆幸,一旦在自己的舱中坐定,一种安全感便油然而生。9月2日,"雅典娜"号驶离英国,从爱尔兰海绕过马恩角进入北海峡,开始了横越北大西洋的航行。甲板上聚集了很多旅客,正在回望渐渐消逝在天边的故土,这个多事的马上要为战火所吞没的欧洲,已被远远地甩在身后了。

9月3日,英国向德国宣战的消息传来,在乘客中引起了一阵不大的骚动,他们盼望船能加速行驶,早日抵达大洋彼岸。船长詹姆斯·库克望着驾驶舱外浑黑深厚的海水,带着几分忧虑的神情,他往返这条航线不止一次了,而这次总有些不安的感觉,太阳西沉后愈加昏暗的重重浪涛中似乎潜伏着凶险,他下令加强对周围海面的监视,并进行灯火管制。这时"雅典娜"号的位置是赫布里底群岛以西200海里处。

在薄暮的微光中,他无法看清的海面上,一支潜望镜正划开起伏的波浪,时隐时现。U-30号潜艇的艇长兰普上尉调整着潜望镜的角度,仔细观察着这艘越驶越近的大船。到晚上7时35分,距离缩短到不足1500米。尽管因夜色的降临,再无法看清船上的细部,但他断定这是一艘商船改装的军舰,一声令下,三枚鱼雷射向目标,

"雅典娜"号邮轮

不一会儿传来剧烈的震动，兰普将潜艇浮出水面，观察战果，他被眼前的景象惊呆了。目标中弹起火，惊慌失措的人群在甲板上来回奔跑，这明明是一艘民用客船，它正在发出求救信号，毫无疑问，兰普搞错了。他不想在这艘注定要沉没的船旁停留，也不愿让人发现，于是就下潜返航。"雅典娜"号在库克船长的指挥下进行了顽强的抢救工作，坚持到次日上午11时，终于无可奈何地沉入水中。1102名乘客中有990人获救，但还是有112人失踪，其中有28名美国人。

兰普上尉在撤离现场后，感到事情很严重，无法简单地向上级讲清，直至27天之后，当U–30号返抵本土时，他才赶忙向邓尼茨进行了详细的口头汇报。德国政府在以后不久发表的声明中，矢口否认其潜艇与"雅典娜"号的沉没有任何干系。与此同时，德国海军部指示潜艇部队不得攻击客船。

"雅典娜"号的沉没，使英国政府认为德国已经发动了"无限制的潜艇战"，遂派遣"皇家方舟"、"勇敢"和"赫尔姆斯"号三艘航空母舰分赴本土周围海域搜寻德国潜艇。9月17日黄昏，舒哈尔特上尉指挥的U–29艇跟踪"勇敢"号，发射了两枚鱼雷。这艘排水量22500吨、载有48架作战飞机的庞大航空母舰不到20分钟便沉入波涛中，舰长在内的514人遇难。

1939年10月8日上午，U–47号潜艇驶出基尔港，这是它在开战以来第二次执行任务，前一次出海时，于9月5日和6日击沉了为英国运送物资的两艘货船，而这次出海是执行特别任务。潜艇经基尔运河驶入大西洋，向英伦三岛最北端的奥克尼群岛驶去，目的地是英海军要塞斯卡帕湾。该湾长宽各约15公里，可容纳皇家海军

击沉"雅典娜"号邮轮的德国U-30艇艇长兰普上尉

的全部舰艇，扼守着从西北欧进入大西洋的通道。驻泊在这里的英国本土舰队的主力，封锁了德国及其占领下的西北欧海岸，它也是德国海军蒙受耻辱之地。20年前，根据停战协议停泊在这里等候参加正式投降仪式的德国远洋舰队数十艘军舰不甘忍受屈辱而全部自沉在港中，第一次世界大战前苦心经营20年的德帝国海军的梦想，就被埋葬在这里。为了报复并在战争初期给英国皇家海军一个下马威，这是进行袭击的一个最佳地点。

德国在9月份已经派飞机和小型潜艇对斯卡帕湾附近进行了细致的侦察，获悉英国已封锁了所有七条入口中的六条，布设了防潜网和雷场，仅余柯克海峡东北部一条供舰船出入的约50英尺宽的水道未设防潜网，潜艇可以通行。这条入口十分狭窄，海流湍急，英军为了更严密地控制出入，还将三艘旧船沉在这条入口的海底。负责控制北海、拦截德国舰只的众多英国战列舰和战列巡洋舰，都驻泊在这个安全而又便于出击的港湾中。英国海军部于1937年在一项有关斯卡帕湾的考察中发现，剩余的这一个缺口仍有可能被敌艇渗透，当时已选定一艘船在这里凿沉堵塞，但是政府认为花费太大，战争爆发后，堵塞这一漏洞成为急务，又找来了一条旧船，预定10月15日沉在该处，这个时间恰好比普里安的袭击晚了一天。

邓尼茨认为，袭击斯卡帕湾不能投入过多的兵力，必须选出最优秀的潜艇指挥官，以大胆而娴熟的技术驾驶单艇进行奇袭。10月1日，当U-47号艇长普里安上尉刚做好再次出航的准备时，他和另外两名艇长苏勃与维尔纳一起被邓尼茨召去，依次同邓尼茨交谈。普里安最后一个进入司令官办公室，邓尼茨开门见山地问道："你是否相信可用单艇突入斯卡帕湾攻击敌舰？维尔纳已向我提出这一建议，因他不久前驾驶小型潜艇 U-14 号前往奥克尼群岛进行过侦察并进入了港湾。"他交给普里安一份奥克尼群岛的海图和有关资料，要他认真地考虑一下这一作战计划的可能性，并可以明确地提出否定意见。经过一天的研究和苦思，普里安又来到了邓尼茨的办公室，"行还是不行？""行，长官。"普里安平静地答道。

10 月 8 日，U-47 号从基尔运河进入北海，为保证安全和成功，以后的两天中，在水面上航行的潜艇一发现远处的船影就下潜，进入敌舰活跃海域后，改为在潜望镜深度航行，普里安上尉亲自在指挥塔小心翼翼地操作着，时而发出简短的命令，他估算着潜艇所在的位置。12 日凌晨驶至奥克尼群岛附近，U-47 号潜入水中，改以低速向目标缓缓接近。这一带水底情况复杂，而且时刻有触礁和触雷的危险，为使艇员能够保持充沛的精力，普里安在驾艇缓缓靠近目的地的过程中，数次将潜艇潜坐在海底，让艇员松弛一下高度紧张的神经。

当天 19 时 15 分，夜幕快要降临，U-47 号浮出水面，眼前便是奥克尼群岛的山峦，灯标闪烁，普里安重新测定了舰位，潜艇正位于柯克海峡的东南，确定了方位后，普里安再次将潜艇潜坐在海底，13 日 3 时 30 分，他集合全体艇员，向他们宣布了这次出海的任务："明晚，我们要突入斯卡帕湾。在此之前，全体人员必须休息一天时间，明晚 16 时共进一顿丰富的晚餐，然后开始作战行动。指挥塔内不许有任何灯光，艇内不许随意走动，任何命令不得重复，保持绝对的安静。"

13 日傍晚，鱼雷已装入发射管，普里安又亲自检查了每一舱室，沉坐在海底的潜艇开始上浮，在潜望镜深度，普里安仔细观察了周围的海域，没有发现任何船只的迹象，潜艇浮出水面，开始向柯克海峡缓缓移动，四名观察哨用望远镜监视着每一个方向，指挥室内实行灯火管制，艇员们只能以耳语讲话，这时偶然出现在天际的北极光使海面和海岛的轮廓朦胧可见，又给紧张的神经增添了几分不安。

在潜望镜深度，普里安边仔细观察边逐渐靠近这条唯一能够通行的海峡，潜艇就在灯塔下不远处，借助汹涌海流的推力进入湾口，这里是沉船、礁石和旋涡的迷宫，潜艇距岸仅有数十米，只要有人在海岸上，就可以看到这个在水面上时隐时现的黑色怪物。U-47艇不时地擦到沉船和磕碰到岩石，螺旋桨的护板被沉船上的铁链挂住，一时动弹不得，灯塔上发出的光照到了艇身，如被看见，定然难以逃脱。全体艇员按照普里安低声发出的命令操作着，调整了潜艇的方向和速度，稍加大马力，U-47最终挣脱了铁链。经过四小时的漂流，无声无息地于14日0时27分顺利通过海峡，进入斯卡帕湾。

港中的情况已经发生了很大变化，直至10月12日，德国飞机的最后一次高空侦察仍证实英国本土舰队主力都在港中，主要锚地泊有航空母舰1艘、巡洋舰10艘、其他大型军舰5艘以及许多小型舰只。但是在侦察机飞离后不久，上述舰只起航驶往大海。由于没有获悉这一最新动向，U-47号在主锚地扑了空。瞭望哨发现在数千米以外的港湾深部有两艘大型军舰的身影，普里安判断它们是"皇家橡树"号和"退敌"号战列舰（实为"伯加索"号水上飞机母舰）。0时58分，U-47在距离两艘战列舰约2000米的距离发射了四枚鱼雷，其中一枚因故障卡在发射管中，有三枚射向目标，因为柯克海峡随时都可能被封锁，潜艇立即掉头驶向湾口。

四分钟后潜艇后方闪出一片白色的亮光,接着是一声巨响,只有一枚鱼雷命中,正按原路退出港湾的普里安改变了主意,为了不虚此行,下达了新的命令:"排除故障,重装鱼雷,抵近射击。"潜艇掉头再次扑向目标,1时25分在500米距离进行第二次齐射,三枚鱼雷命中这艘33000吨的战舰,引起剧烈爆炸,三股巨大的水柱冲天而起,各种碎片撒落在潜艇周围。"皇家橡树"号迅速下沉,黑色的人影纷纷跃入水中,及早从睡梦中惊醒的370名官兵还来得及逃生,而船上的英国第二舰队司令布格罗夫海军少将及830名官兵随舰沉入海底。

几艘驱逐舰在港湾里四处搜寻,舰上和岸上的探照灯不停地在水面上扫过,一艘猎潜艇上射出的探照灯光柱就在指挥塔上闪动。普里安趁乱驾驶U-47艇驶向湾口,逆着强大的海流,开足马力一米一米地驶出了狭窄的湾口。身后的港湾中不时传来深水炸弹的爆炸声和照明弹的闪光。进入平稳的水域后,普里安打开了传声器:"全体注意,这是艇长,我们已经击沉击伤敌战舰各一艘……"

10月14日,英国海军部发布战报,证实"皇家橡树"号的沉没,并称已将入侵的敌潜艇击毁。U-47号艇于10月17日9时返回德国威廉港,海军司令雷德尔和邓尼茨亲自迎接,全体艇员分乘两架飞机赴柏林出席授勋仪式,普里安获得了海军第一枚铁十字勋章,被视为民族英雄,他的名字煊赫一时,走到哪里都有人向他脱帽致敬。

首批牺牲者中,还有一支举足轻重的海上力量——当时实力位居世界第四位的法国海军。

德国海军U-47艇全体官兵

德国通过闪电战在陆地战场上迅速击败法国并迫使其政府投降，同时对仍在法国维希政权控制下的法国海军保持了一定的克制态度。德国的军事胜利和外交手段促成英法反目，法国海军毁于英国先发制人的预防性打击。

针对法国海军，德法停战协定第八条规定：法国舰队除为了保卫法国殖民地利益及维希控制的领土而留置那一部分外，应一律"在指定的港口集中，并在德国或意大利监督下复员或解除武装。"但实际上并非如此，希特勒之所以没有直接征用法国的海军力量，一方面考虑到法国民众强烈的民族感情，另一方面大片的法属北非的殖民也需要力量去防守。与其让德国派兵，不如让法国人自己来守。他并不害怕维希法军投降盟军，因为他手里握有重大的砝码，那就是留给法国人自治的半个法国疆土。根据这条协定，法国海军——这支世界第四大海军，主要集中在土伦、阿尔及尔、米尔斯克比尔港和卡萨布兰卡等几个港口。

开战以来的1939年9月至1940年6月，英法海军曾一直对德采取协同的行动。1940年6月22日法国战败投降，其强大海军如落入德国人之手，便会对英国构成严重的威胁。6月24日英国海军突袭停泊在英国朴次茅斯和普利茅斯军港的法国军舰，解除其武装，并接管舰队。这时的法国海军处境尴尬，何去何从的问题困扰着达尔朗海军上将。为了法国的军舰上还能飘扬法国的军旗，为了保留法兰西的半壁江山，也为了法国人最后残存的尊严，他选择了服从维希政府，驻守法国南部港口及北非殖民地。法国海军的选择让作风非常强硬的英国首相丘吉尔大为不满，他不能容忍强大的法国海军力量有一天成为威胁英国本土或威胁其海上运输线的可能性存在，要么拥有它，要么消灭它。于是在他的授意下，6月27日英国战时内阁制订了"夺取、控制乃至消灭法国舰队"的"弩炮计划"（Operation Catapult）。这是英国政府在法德停战协定签字后做出的一项至关重要的决策。7月3日当天，驻泊在法属西印度群岛的法国舰队与美国达成协议，解除了武装；但是激战出现在了法国海军主要集结地北非海岸的米尔斯克比尔军港。

1940年7月3日凌晨，辖"勇士"号和"决心"号战列舰、"胡德"号战列巡洋舰、"皇家方舟"号航空母舰及2艘巡洋舰和11艘驱逐舰的H舰队进入地中海，以"解决"驻泊在法国北非殖民地阿尔及利亚港口城市奥兰以西三海里的米尔斯克比尔军港的法国舰队。英方的最后通牒大意是：法国军舰或投降；或开往英国港口遣散官兵；或开往西印度群岛法国港口解除武装；或马上自行凿沉。否则，将被英国舰队消灭。待到当日下午，地中海其他港口来增援的法舰陆续驶近，17时56分，英舰终于发动进攻。"胡德"号首先开炮，随后H舰队的重炮纷纷开火，这也是自滑铁卢会战以来英国第一次向法国军队开火。法军在让·苏尔海军上将指挥下奋起还击，此时驻米尔斯克比尔海港内，沿着港口西北到东南方向防波堤停靠的分别是"敦刻尔克"号、"布列塔尼"号、"斯特拉斯堡"号、"普罗旺斯"号和"塔斯特指挥官"号，驱逐舰则停靠在港口内侧。所有法舰均被围堵在狭小港湾内，交火中损失惨重，包括三艘战列舰在内的一批舰艇被摧毁，1297名法国水兵战死，近两千人受伤。几周前还并肩作战的英国盟友翻脸，对法国人赶尽杀绝。法国海军司令达尔朗当即下令采取报复措施，轰炸了英军在直布罗陀的基地。

1940年9月，英国对在北非达喀尔的法国海军舰队发动围攻，驻达喀尔的法军舰队得到了炮台和本土赶来的巡洋舰队的有力支援，击伤了英国驱逐舰三艘，重创了皇家海军"坚决"号战列舰。法国两艘驱逐舰被烧毁和搁浅，"黎塞留"号战列舰被击伤。

两年之后的1942年，美英两国共同制订了在法属北非登陆的"火炬"计划，拟以北非为跳板，进攻意大利，实现反攻欧洲大陆的目的。两国特混舰队在1942年11月8日分别于法属北非的阿尔及尔、奥兰、卡萨布兰卡登陆。在登陆过程中，遭到法国海军的猛烈炮击。在阻止盟军登陆的战斗中，法军损失了1艘巡洋舰、3艘驱逐舰、7艘鱼雷艇、10艘潜水艇，1艘战列舰被重创，伤亡达3000人。法属北非各地停火后，希特勒下令占领全部法国，并计划夺取在法国土伦的舰队。面对德国人的包围，高傲的法国海军拒绝了英国人的援助，也拒绝向德国人投降，而是选择了自沉，包括3艘战列舰、8艘巡洋舰、17艘驱逐舰、16艘鱼雷艇、16艘潜水艇、7艘通讯舰、3艘侦察舰，以及60多艘运输舰、油船、挖泥船和拖船在内的法国舰队全部自沉。这支曾经是世界第四的海军用充满悲壮色彩的自我毁灭实践了自己的誓言，也捍卫了自己的荣誉。法国海军最后的战舰仅有"黎塞留"号，在美国的斡旋下，1942年底该舰与自由法国达成和解：由美国买下整修后投入太平洋战场的对日作战，该舰战功显赫并于战后归还法国政府。

德国"布吕歇尔"号重巡洋舰

四
袭取挪威

在占领波兰和对英法宣战后的半年时间内，德军在陆地战场上一直没有动静，下一个目标是哪里，谁也摸不清，但对峙着的双方都有一种感觉，战争的旋风将转向北方寒冷荒凉的斯堪的纳维亚半岛。德国的资源并不丰饶，为维持一部庞大的战争机器，要由来自北方斯堪的纳维亚优质铁矿的源源不断的补给，波罗的海冬季因冰封无法运输，挪威的纳尔维克则是不冻港，可保证全年畅通，是铁矿运输的必经之地。英国眼睁睁地看着德国从纳尔维克等港口运走一船船优质铁矿石，当地的亲纳粹势力也在发展，局势有可能失控。1940年3月，丘吉尔提出了在挪威登陆的计划。

德国海军中将维格纳在1926年出版的《世界大战的海上战略》一书所表达的看法，代表了一大批德国海军军官的见解。其中心思想是，一战时，如果德国海军占领了挪威，提尔皮兹所缔造的德国远洋舰队就可以获得行动自由，德国军舰就可以从挪威的高纬度港口出发，从挪威海进入大西洋，在其活动半径内，沉重地打击协约国在北大西洋的海上运输线，就不致被以斯卡帕湾为基地的英国本土舰队封锁在狭小的北海而无所作为。

1939年10月,雷德尔元帅向希特勒提交了一份报告,内容涉及挪威众多狭湾作为前进基地的价值,有了这样的基地,德国水面舰只和潜艇就用不着总是冒着风险往来于皇家海空军把守的英吉利海峡和北海了。雷德尔在报告的最后部分指出,暂时地保持挪威的中立,对德国最为有利,但是当英国有占据挪威的企图时,德国应先于敌人采取行动。希特勒抱着一种犹豫的态度,他希望英法最终能接受德国的条件,只要英法不战而屈服,就无须再去占领挪威了。两个月过去了,希特勒的这一愿望没有丝毫实现的可能。同年12月份,雷德尔又提出了有关挪威问题的修正计划,他宣称,靠当地纳粹同情者的支持,攻占挪威不会遇到不可克服的困难。

在这个月,传来了让希特勒不安的消息。11月30日苏联开始了入侵芬兰的军事行动后,英国组织了一支"志愿部队",力图从挪威和瑞典获取通行权,前往芬兰助战。为了配合这一行动和增强防卫力量,英国还要求在有关的三个挪威港口驻军,它们是:施塔万格、卑尔根、特隆海姆。德国情报部门报告英国将派遣本土舰队在挪威沿海全面布雷。这样一来,就要切断瑞典北部出产的高品位铁矿石输往德国的主要通道,基于上述判断,希特勒批准了根据雷德尔的建议拟订的作战计划"威塞演习"。

攻占挪威的部队由雷德尔元帅和法尔肯霍斯特将军指挥。计划也预先考虑到了挪威可能进行的抵抗,但认为不会很强烈,因为挪威长久的中立国地位已经使其军队变得十分软弱。这一计划还意味着必须同时占领丹麦,它的军队比挪威的更弱小,更不值一提。1940年1月,英国在没有获得挪威政府同意的情况下,开始认真地考虑下述两项计划：向芬兰派遣志愿军和在挪威沿海布雷，预计在3月中旬实施。希特勒也已看清，英国只可能在有利于本国利益的情况下维持挪威的中立，随时会对挪威实行军事占领，德国必须抢在英国的前面。

雷德尔对这次作战提出了一些异议：这一远征的胜利必须有充分的制海权作保证，但德国海军的力量做不到这点，因此只有靠行动的突然性，才能够把作战部队安全运抵挪威。继之而来的难题是，在结束作战后，如何将海军舰只和运兵船撤回本土，它们会在返回本土时遭到英国海军的截击，或被长期围困在挪威的狭湾而失去作用。希特勒置雷德尔的反对意见于不顾，将攻占挪威的时间确定在3月10日之后的四天中。

正是在3月10日这一天，芬兰停止抵抗，开始与苏联谈判，英国因此失去了占领挪威港口的理由。丘吉尔有关派遣志愿军的计划被放弃，但是英国议会没有撤回对他有关在挪威沿海布雷计划的支持，而且这项计划还获得了法国政府的赞同。布雷将从4月5日始，估计到这一行动必然招致德国的反应，因此，一旦发现德国有出兵意图，就将派遣18000名英法和波兰军队在施塔万格、卑尔根、特隆海姆和纳尔维克登陆，增援挪威守军。"英雄所见略同"，差别就在时间上，英国的计划总是比德国的迟半拍。英国对纳粹德国进行这次战役的决心和果断都估计不足，甚至把已经过迟的布雷行动再次从原定的4月5日推迟到8日。其后果是致命的。

英国的犹豫正好为德国提供了机会，德国情报机构不仅告知雷德尔英国放弃了支援芬兰的行动，而且获取了有关布雷计划的详细情报。雷德尔掌握了确切的情况后，说服希特勒在即将来到的黑暗的上弦月时期攻占挪威和丹麦，定于4月9日0时至5时15分在这两个国家同时登陆。为确保胜利，雷德尔投入几乎所有水面舰只（除正在修理中的"舍尔"号袖珍战列舰、"欧根亲王"号重巡洋舰、"莱比锡"号和"纽伦堡"号轻巡洋舰之外）。还从大西洋其他海域召回了一批潜艇。"威塞演习"开始了。第一批运兵船4月3日离开德国港口。它们接到的命令是，在4月9日之前分别抵达施塔万格、特隆海姆和纳尔维克，这7艘货船舱中满载登陆部队的官兵，如"特洛伊木马"一般。作战舰只则在7日和8日起航，由吕特延斯率领的"格奈泽瑙"号和"沙恩霍斯特"号战列舰北上，31艘潜艇部署在上述三个港湾附近的海域直至奥克尼群岛和设得兰群岛以东海上，以防范英国舰队对德国登陆作战的袭扰。

海军的第一战斗群由10艘驱逐舰组成，搭乘有2000名山地士兵，用以攻占纳尔维克。第二战斗群由重巡洋舰"希普尔上将"号和4艘驱逐舰组成，搭载1700名士兵直驶特隆海姆。第三战斗群由轻巡洋舰"科隆"号、"哥尼斯堡"号组成，搭载1900名士兵赴卑尔根。由轻巡洋舰"卡尔斯鲁厄"号带领的第四战斗群驶向克里斯蒂安海滩，直取奥斯陆的是第五战斗群，它由重巡洋舰"布吕歇尔"号、袖珍战列舰"吕佐夫"号、轻巡洋舰"埃姆登"号组成，搭载2000人。第六战斗群是4艘扫雷舰，搭载有150名步兵，开往埃格尔滩的海底电缆通讯站。

紧随着而来的是15艘运兵船，载有3761名步兵及其大炮、军车和装备。为了给完成任务后返回本土的驱逐舰加油，向纳尔维克和特隆海姆派出了3艘供应舰。另外5个海军舰艇战斗群搭载着部队前往丹麦的港口。

"威塞演习"是第二次世界大战首次两栖作战,也是德国海军在二战中最大规模的作战行动。它的计划和执行都极为精确,除了上述第五战斗群受挫和其他三个战术上的失误之外,整个计划是成功的。海战史上不乏在辽阔大洋上的角逐,但还未曾有过在如挪威沿岸众多狭窄的海湾中进行的那种海战,舰炮每次在当地两面有高山悬崖的海峡中齐射,都有如一连串惊雷回荡,撼人心魄。

"威塞演习"的第一步基本按原定计划实施,只有两个意外之处:由于挪威方面没有足够的领航员,作为"特洛伊木马"先行前往目的地的7艘货船有6艘未在预定的零时之前进入挪威港口,其中多艘被盟国舰只击沉;德国潜艇没有取得战果,因为缺少鱼雷精密的深度调节器和磁性引爆装置失灵,攻击英国战舰的鱼雷没有一枚命中。德国潜艇所击沉的只有2艘英国潜艇和6艘商船,而自己却损失了4艘。

与德国方面形成对照的是,盟国方面的行动拖延不决,互不协调。当时,英国海军舰只正分散开来在挪威各海湾布雷并忙于登陆准备工作。4月7日,英驱逐舰开始布雷,为保护布雷活动,防范德国海军可能做出的反应,海军中将威廉·惠斯沃思带领战列巡洋舰"声望"号和8艘驱逐舰在特隆海姆以西监视着德海军的动静。在大约24小时之前,英国海军部收到了令人不安的消息:德国在本土军港集中了一支强大的海上力量,"格奈泽瑙"号和"沙恩霍斯特"号已出港,海军部将此消息通知了本土舰队司令福布斯上将。福布斯除了掌握上述情况外,还获得了来自皇家空军的侦察报告,皇家空军的侦察机已经盯上了德海军第一和第二战斗群,一路跟随它们北上。福布斯没有立即截击北上的德国舰队,是因为判断失误。海军部对情况有如下评价："所有这些消息的价值都是可疑的，很可能是敌人为进行心理战而搞的战术性佯攻，目的是把英国海军的主力吸引到挪威海，以利于其大型舰只从北海突围。"有关德军动向的重要情报没有得到关注，重巡洋舰"德文郡"号、"伯尔维克"号、"约克"号、轻巡洋舰"格拉斯哥"号和6艘驱逐舰都被调去运载前往挪威的卫戍部队。次日，德军的真实意图终于有所显露，4月7日，皇家空军的飞机在斯卡格拉克看到了一支由战舰和运输船组成的德海军战斗群向北驶去，英国方面已经耽搁了24小时。

福布斯这才下令一切可出动的舰只于20时15分出航迎敌。它们包括：战列舰"罗德尼"号和"勇敢"号、战列巡洋舰"退敌"号、2艘轻巡洋舰和10艘驱逐舰。另外还包括法国的1艘轻巡洋舰和2艘驱逐舰。这支盟国舰队从斯卡帕湾出发北上。另一支舰队包括2艘轻巡洋舰和8艘驱逐舰，由乔治·爱德华-科林斯中将指挥，向东北方向驶去，目的地是施塔万格。开往卑尔根的盟国ON25号运输船队受命返航，担任护航的2艘巡洋舰和4艘驱逐舰受命加入福布斯的舰队。正在布雷的舰只撤回斯卡帕湾，其护航力量都调归福布斯指挥。英国方面参战的还有霍顿中将的26艘潜艇。值得注意的是，双方都没有投入航空母舰，德国的"齐柏林"号航空母舰还未能装备就绪，英国"皇家方舟"号和"光荣"号航空母舰已驶入地中海，"愤怒"号没有做好战斗准备。

第二天，4月8日，海军部和福布斯在德国的登陆迫在眉睫时仍犹豫不决，他们不排除德军入侵挪威的可能，但是更偏向于认为德军的动向只是意味着"沙恩霍斯特"号和"格奈泽瑙"号试图突破英国海军的封锁。

当日发生了第一次交火。在开赴目的地途中,惠斯沃思派"萤火虫"号驱逐舰搜寻一名被海浪冲落水中的士兵,该舰舰长鲁普中校完成这一任务后以最高速度向北追赶舰队,在晨曦中,突然与两艘德国驱逐舰遭遇。德舰先发制人,并召唤重巡洋舰"希普尔"号前来助战,德巡洋舰的猛烈炮火顷刻之间便将英舰打得残缺不全,鲁普苦战不退,并发出警报。"萤火虫"号受创过重,无法脱身,鲁普下令全速驶向敌舰,以鱼雷与德舰作拼死一斗。鱼雷射偏,鲁普驾驶着正在燃烧和下沉的驱逐舰向德巡洋舰直冲过去,猛撞在敌舰船首右舷,在装甲衬裙上,撕裂了一条40米长的口子,撞脱了右舷鱼雷发射管。由于距离过近,德舰一时无法射击,9时,"萤火虫"号才沉入大海。德巡洋舰"希普尔"号打捞起包括鲁普舰长在内的38名筋疲力尽的官兵。鲁普因其英勇表现,后来被授予维多利亚十字勋章。这是皇家海军在二战中所获的第一枚这种勋章。"希普尔"号受了重伤,勉强驶到特隆海姆港。

福布斯接到"萤火虫"号的电报后,马上做出了反应,派遣"退敌"号及1艘轻巡洋舰和4艘驱逐舰前去援救"萤火虫"号。惠斯沃思也将他指挥下的"声望"号派去。为了加强这支舰队,海军部命令正在执行布雷任务的4艘驱逐舰并入这支舰队。皇家空军的侦察机继续发回有关德国大型舰只的报告,称14时发现敌战列巡洋舰和两艘驱逐舰在特隆海姆附近向西驶去,但是认为其目的是突围,进入大西洋,而没能料到是去占领中立国挪威。

就在这同一个下午,才传来了有关敌人真实意图的第一份报告。由格卢津斯基指挥的波兰潜艇"奥泽尔"号在丹麦和挪威之间的斯卡格拉克海峡附近发现了德国轮船"里约热内卢"号,他命令全体乘客和船员离船后，将之击沉。格卢津斯基惊奇地看到，这些人都是身着军服的军人，考虑到该船是驶往卑尔根的，其目的不言自明。挪威政府下令海岸守备队处于戒备状态，因为内部的分歧，没有实行总动员。英国政府也过于麻痹，在一天前命令登船赴挪威的部队返回，这支英军本可在这一关键时刻反击德军登陆。

这一晚上，又收到了两个有关的警报，英国驻丹麦海军武官报告，德海军第五战斗群正经过丹麦的贝尔特海峡向北驶去。英国潜艇"三叉戟"号以鱼雷攻击德舰"吕佐夫"号未命中，向海军部报告德舰正驶往奥斯陆湾。综合分析所有这些迹象后，福布斯终于做出最后的判断：德军正实施在挪威登陆的作战行动，并向海军部报告了这一形势分析。考虑到德主力舰仍有可能同时进行突破英国封锁的作战，福布斯在舰只的部署上要照顾到两个方面，他的设想，是主力舰队从挪威海岸80海里处向南移动，以便能够同时支援向卑尔根附近巡逻的爱德华—科林斯率领下的较弱的那支舰队。但是英国海军部另有安排，想抽调大量舰只去北海中部，并反对把舰队部署在靠近海岸的位置，这就大为削弱了福布斯的力量，并造成了指挥上的混乱。

德军的登陆作战是4月8日5时15分开始的，无论如何，英国本土舰队都来不及作出反应了。所有11个德海军战斗群都同时逼近了挪威和丹麦的目的地，登陆开始了。在这一幕出现之前，福布斯的舰只曾又一次与德舰发生冲突。17时45分，它们与完成了布雷任务的驱逐舰会合，惠斯沃思又带领"声望"号及其护卫舰只驶向公海，以期发现和截击在特隆海姆以西活动的敌重型舰只。与福布斯一样，惠斯沃思也认为有可能与试图突破封锁进入大西洋的德国主力舰只遭遇。他与疾速向北航行前往纳尔维克的德国驱逐舰队几乎相遇，但是失之交臂。

次日4月9日，凌晨2时30分，风平浪静，惠斯沃思率舰离开海岸向东南方驶去。一小时后，他看到东面50海里外的维斯特湾出现了德国巨舰的身影，它们是吕特延斯指挥的"格奈泽瑙"号和"沙恩霍斯特"号，受命向西北方向行驶，反击前来截击德第一战斗群和登陆部队运输船的英舰。惠斯沃思错把德战列舰认作是重巡洋舰，全速扑来。英舰"声望"号在17000米的距离上以38厘米口径大炮开火，两艘德舰在朦胧的晨光中处于不利地位，被突如其来的炮火打得不知所措。英舰巨炮炮口的闪光和重型炮弹在德舰附近激起冲天水柱，使德国人明白遇到了劲敌。它们以全部18门28厘米口径大炮回击，英国驱逐舰较小口径火炮无法发挥作用，反而受到德舰的威胁。交火中，"声望"号中弹三发，"格奈泽瑙"号也中弹三发，一发击毁了前主炮的指挥部，使其无法使用。吕特延斯不愿冒险以德国仅有的两艘战列舰与同样强大的敌舰交锋，就调整了航向，朝东北驶去。"声望"号以29节高速紧追不舍。但是德舰还是拉开了与英舰的距离。双方都在射程之外。6时15分，敌舰已在视野内消失了。惠斯沃思又追赶了一段路程，仍未能找到目标。

丹麦军队与入侵的德军相比，小得微不足道，不幸的是它又与第三帝国接壤，无法对抗德国的入侵。德第七至第十一战斗群在占领哥本哈根和其他港口的时候没有遇到任何抵抗。

但是尚武的维京人后裔就没有那么好惹。驶入奥斯陆湾的第五战斗群在湾口遇到挪威的小型巡逻舰"波尔3"号，它仅有240吨，配备一门火炮。它以飞快的速度撞击德鱼雷艇"信天翁"号，挪威舰长奥尔森当即身亡,"波尔3"号顷刻之间就被击沉。库麦茨上将接着进行的在霍尔顿海军支撑点登陆的尝试受到了挪威布雷舰"奥拉夫"号的抵抗,在舰长布里塞德指挥下,该舰以4门12厘米口径的大炮拦击德舰,迟滞了德军的登陆,它在沉没之前,击沉德扫雷舰一艘,使"信天翁"号鱼雷艇再受重创。

库麦茨遭受此小挫之后并没有丝毫却步,"布吕歇尔"号仍以12节的时速向海湾深处的德吕巴克隘口驶去,奥斯陆湾这一处只有450米宽,有重兵把守,挪军按兵不动,不暴露自己的火力,直至"布吕歇尔"号进入直射射程之内,海岸重炮才猛然开火,"布吕歇尔"号立即中弹,燃起大火,挪军设在岸上的鱼雷发射阵地又以鱼雷将这艘巨舰炸成一堆燃烧的残骸。6时30分,"布吕歇尔"号翻转沉没,将舰上搭载的1000名步兵官兵也一同带到了奥斯陆湾的海底。在后面的"吕佐夫"号也中了三枚28厘米重炮炮弹,舰长梯勒明智地掉转航向,令登陆部队在德吕巴克隘口外上岸。

在海上登陆受挫的同时,由法尔肯霍斯特指挥的在挪威首都奥斯陆着陆的空降也因大雾而受阻。德军夺占奥斯陆的时间由原定的凌晨5时15分推迟了数小时,挪威王室和政府得以在7时30分乘一架专机逃往哈马尔。当德军于当日中午进入奥斯陆时,等待他们的只是不得人心的亲纳粹吉斯林傀儡政权。

以轻巡洋舰"卡尔斯鲁厄"号为首的第四战斗群攻占克斯蒂安的登陆先是被浓雾所阻,接着又遭到了配备有海岸大炮的要塞守军的顽强抵抗。尽管德国空军对要塞进行了猛烈轰炸,因雾越来越浓,海军还是被迫后撤,继之进行的第二次驶入海湾的尝试,仍因大雾笼罩而失败,"卡尔斯鲁厄"号险些触礁。中午的第三次尝试取得成功，德舰用英语广播："不要开炮，我们是前来增援的英法海军。"挪威守军上了当。17时，克里斯蒂安市和海港都落入敌手。

在纬度更高的海域，挪威驱逐舰"施莱普纳"号在施塔万格湾发现了德国货船"罗达"号。"施莱普纳"号已接到有关德军在挪威登陆的警报，所以立即开炮将德船击沉，这匹"特洛伊木马"的毁灭，并未影响德军迅速占领该市附近挪威最优良的机场，它立即成为德国斯图卡式俯冲轰炸机的重要基地。

第三战斗群的运气不错。笼罩着卑尔根附近海面的大雾掩护了这支舰队的行踪，4月8日下午，一架皇家空军的侦察机就在其上空飞过，竟然没有发现它。如果被发现，肯定会在傍晚时分遭到爱德华—科林斯的舰队的截击。施塔万格的挪威军队也被德军的战术欺骗所迷惑。德军战斗群的指挥官施蒙特把军舰伪装成英国巡洋舰。当晚完成了登陆，待到次日破晓时，德国士兵已经占领了市中心。德舰在施塔万格港遭到炮击，两艘军舰被打坏，经过激战，登陆部队在9时消灭了守军。

第二战斗群最为幸运，扼制特隆海姆湾口的要塞守军根本没有获得任何警报。"希普尔"号以英文发出了假电报，称是英舰，骗得守军信任后，舰队以25节的高速从要塞边驶入港湾。8时，德军进入市区和港口，挪威军队与德军展开巷战，经两日激战，市区和港口落入德军之手。德军要攻占的纬度最高的挪威城市是纳尔维克。北极地区的恶劣气候掩护了德军的行动，英国在这一海域部署的舰只也过于稀少，不久前海军部又从佛斯特海湾召回了执行布雷任务的驱逐舰，更使德第一战斗群顺利进入海湾而未被发现。4时10分，10艘搭载着山地部队的驱逐舰已经深入该湾的底部，抵达通向纳尔

海军运输的德国山地部队

维克的奥佛特湾汉的入口处。指挥官彭特上校派3艘驱逐舰攻占入口处的炮台，另外4艘去占领附近的一个小镇，彭特亲自带领其余3舰驶向目的地纳尔维克市。

在预定的5时15分，彭特的舰队已驶进了各国商船云集的纳尔维克港，在这个深深的港湾里，有两艘挪威军舰。舰长威洛赫指挥下的老式海岸炮舰"爱得弗尔德"号，它是1900年开始服役的老舰，舰上的两门20厘米和六门15厘米大炮在近距离内是十分危险的武器。彭特派了一名军官乘小艇前往挪威炮舰，要求进入港口。此时，德舰的鱼雷发射管已对准了目标，当派去的军官射出了一枚红色信号弹时，彭特知道，挪威人拒绝通行。一声令下，两枚鱼雷如箭般蹿入水中，数秒钟后，挪威炮舰侧舷发出爆炸的闪光，接着在一阵巨响中沉没了。威洛赫及其部下只有少数几人幸免于难。附近的另一艘挪威炮舰"诺尔格"号被爆炸声惊醒，舰长阿斯基姆看到德国士兵正纷纷从驱逐舰的甲板涌上堤岸，马上下令开火，可老式火炮不是德舰快速炮的对手，"诺尔格"号中了鱼雷，很快沉没了，舰上大约一半人丧生。彭特再未遇到抵抗，纳尔维克的驻军司令是吉斯林的拥护者，下令卫戍部队放下武器，由迪特尔将军率领的山地部队在当日中午之前控制了纳尔维克市。

至此，雷德尔和法尔肯霍斯特制订的攻占挪威的计划比预计更为成功和顺利地完成了。这场英法始料不及的远征之所以取胜，原因有多种，海军的密切配合，突然、周密的计划，以及坚决果断地执行预定计划的决心。德军在预定的数小时内就完成了对挪威首都和众多港口、机场的占领，唯一的重大损失就是"布吕歇尔"号的沉没。

对挪威的争夺并没有结束，盟国马上开始报复。4月9日6时30分，英舰在卑尔根沿海90海里处集结，企图夺回这个港口。这个战斗群是由雷顿指挥的，他把舰只编成两队，7艘驱逐舰趁着晨曦驶入湾内，4艘轻巡洋舰泊在湾口作为后援。如果这一部署得以实施，本可击沉返回本土的德舰"科隆"号，如大胆地深入港内，可能击沉已受重创的"哥尼斯堡"号、"布列姆瑟"号等德舰。因为侦察机发现湾外有两艘德国巡洋舰，这一计划在当天下午被海军部取消。

接着是双方空军袭击对方舰队，德国飞机飞临雷顿和福布斯的舰队上空，水平轰炸机编队在3000米高空瞄准投弹，英舰上的防空武器打得满天硝烟，但是远离在苏格兰的空军基地，无法得到空中保护。幸运的是，德机还是首次从高空轰炸快速运动的目标，只有战列舰"罗德尼"号被击中，一枚重磅炸弹穿透了甲板，却没有爆炸，另两艘轻巡洋舰被在近旁爆炸的炸弹击伤，驱逐舰"廓尔喀"号被炸沉。这次空袭使福布斯确信，应把舰队撤到北方，他先向西航行，离开挪威海岸，与从地中海驶来的一艘战列舰和一艘航空母舰会合。当天晚上，24架英国高空轰炸机空袭了停泊在卑尔根湾内的德舰，但未取得任何战果。

次日清晨，从奥克尼群岛飞来助战的海军飞机大显威风。由帕特里奇上尉率领的7架飞机和卢西中尉的9架飞机载着每枚226公斤的炸弹于7时飞临挪威卑尔根海岸的上空，如血一般的朝阳从海湾边的山崖上升起，飞机爬高到2400米，不一会，他们就看到了"哥尼斯堡"号巡洋舰。这时两个飞行中队编成作战队形，长机卢西的机翼一斜，以60度的俯冲角度扑向目标，德舰完全没有料到会有英方派来俯冲轰炸机，当他们听到疾落的炸弹的呼啸声时，已经太迟了。"哥尼斯堡"号在以高炮还击时，已中弹15枚，舰体有一半向上翘出了水面，并被巨大的力量推向防波堤。三枚炸弹直接命中A炮塔，左舷后侧和舰的中部各中弹一枚，整个军舰成了一团燃烧的废铁，当最后一架飞机向大海飞去时，"哥尼斯堡"号已侧倾，紧接着，大火燃到了弹药库。剧烈的爆炸顷刻将舰撕成两段，翻转沉没。德陆军部队在周围山上设置的高炮和港中的巡洋舰以及其他船上的高炮都开火了。三架飞机中弹，其中一架伤得很重，经过4小时30分钟的飞行，降落在奥克尼群岛的哈兹顿机场。有的飞机的油箱已空了。"哥尼斯堡"号是第二次世界大战中被飞机炸沉的第一艘大型军舰。

4月11日，"愤怒"号航空母舰上的鱼雷机对特隆海姆进行了多次空袭，德国的大型舰只，如"希普尔"等舰为逃避空袭和围歼，已驶入公海，港口中仅余一艘驱逐舰和一艘油船，因为水位过浅，发射的鱼雷都陷入了海底，或自行爆炸，无一击中目标。

在卑尔根附近的英国舰队主力的弹药和燃料都消耗很大，福布斯必须让相当一部分舰只返回斯卡帕湾加油。他带领剩下的舰只向北驶去，救援纳尔维克，这就导致了挪威战役中两次最重要的海战。

霍顿少将率领下的英国潜艇取得了战绩。在卡特加特、斯卡格拉克以及丹麦西海岸各部署有3艘英潜艇，另外6艘潜伏在通往德国赫尔果兰湾各港口航线上，波兰潜艇"奥泽尔"号击沉德运兵船"里约热内卢"号；4月8日，"三叉戟"号击沉德国油船"波塞多尼亚"号；次日，"翻车鱼"号又击沉德国油船"阿马西斯"号。这天傍晚，大约17时，哈钦森中校指挥的"顽童"号在从克里斯蒂安返回基地的途中以鱼雷击沉了德国轻巡洋舰"卡尔斯鲁厄"号，

"顽童"在命中敌舰后，逃脱了多艘德舰数小时的深水炸弹攻击，但英国的另一艘潜艇"藓花"未能够逃脱搜索，被德国U-4号潜艇的鱼雷击沉。4月10日，英国潜艇"海神"号以两枚鱼雷击沉搭载有900名官兵前往奥斯陆的德国运兵船"佛里德瑙"号和"维格巴特"号，这支船队的德国护卫舰也中鱼雷沉没。"海神"号挨了87枚深水炸弹，之所以能逃脱，要归功于姊妹艇"箭鱼"号。它在"海神"号遭追击时在附近水域出现，为电池充电和排除艇内的污浊空气，艇长弗比斯中校在望远镜中发现了高速驶往本土的德袖珍战列舰"吕佐夫"号。齐射的鱼雷中有一枚命中目标的尾部，击毁了螺旋桨和尾舵，"吕佐夫"号爆炸起火失去了控制，而此时"箭鱼"号尚未充好电，不能潜行，弗比斯中校不知道德舰并无护卫舰只，急于撤出战场，而没有再给德舰以致命的一击，受了重伤半沉没的"吕佐夫"号得以挣扎着通过贝尔特海峡，返回波罗的海的基尔港。它经过了12个月的大修后，才重新出海。4月11日，英潜艇"特里亚"号在奥斯陆湾的入口处击沉了运输舰"爱奥尼亚"号，同日，"海狮"号在卡特加特击沉了供应舰"列昂哈特"号……可是"小星"号就没这么幸运了，它在15日击沉了德海军炮兵训练舰"布鲁默"号后，马上遭到3艘猎潜舰的追踪，全体乘员无一生还。英国海军部向参战潜艇发了慰问电："你们出色地完成了自己的任务。"自从"声望"号于4月9日撤出战斗后，吕特延斯认为返航的机会终于来了。4月10日中午，吕特延斯率领两艘重巡洋舰从北海中部向南返航，12日，它与"希普尔"号和"科隆"号会合，这时，它们与福布斯的潜艇遭遇，并同时被皇家空军的飞机发现。英国派出52架飞机前来轰炸，因天气关系没有发现目标，这4艘德舰平安地回到了威廉港。其中3艘已受重创，必须经大修后方可出海。

参加挪威战役的其他德舰没有这么幸运。攻占纳尔维克后，彭特打算让10艘参战的驱逐舰以高速驶回德国，逃避英国主力舰队的围捕。然而，在攻占纳尔维克的作战中，这些驱逐舰曾以高速向北驶了1000海里，机械损坏，油料耗尽，不维修和加油，就不能踏上返回本土的航程。现有的一艘油船只能缓慢地一艘一艘地为它们加油。所以这10艘驱逐舰拖延到4月10日方启程。9日晚至10日晨，为了保证安全，彭特派了一艘驱逐舰守在奥佛特湾口，另外两艘派往离纳尔维克10海里的另一处要地，其余舰只在纳尔维克港加油待命。他希望能平安地完成远航的准备工作。

9日20时，收到U-51号潜艇发来的电报，"5艘英国驱逐舰在佛斯特海峡向西南驶去，途经奥佛特湾口。"这5艘英舰是："哈迪"号、"猎人"号、"哈沃克"号、"鲁莽"号和"敌对"号，福布斯派遣它们前来，"确保纳尔维克不落入敌登陆部队之手"。按计划它们将于20时抵达港口，但中途舰队指挥官瓦尔波顿获悉，"可能有一艘德国船已驶抵纳尔维克，并把一支小部队送上了岸"。因此，驶抵湾口时，他决定暂作逗留，向那里的导航站了解湾内的情况，16时，收到了挪威导航站的答复，情况有变：敌舰不是1艘，而是至少6艘，每一艘的吨位和火力都超过了英舰，而且德国人可能在港外布了雷。

突然出现的险恶情况并没有吓退瓦尔波顿，他电告惠斯沃思和福布斯，"将于凌晨和涨潮时发起进攻"。这样可以达成作战的突然性，驱逐舰也可以借助涨潮时的高水位，在敌布下的锚雷上方安全出入。考虑到可能已被德国人发现，他率舰队向远离港口的西南方驶去，以迷惑敌人。他算计得很准，德潜艇U-51号这时正以潜望镜注视着这队不速之客的行踪。它发出的敌情电报，使彭特产生了一种虚假的安全感。21时，英国海军部批准了瓦尔波顿的作战计划，并要他尽速在湾口布置巡逻，以防敌舰趁夜暗逃走。最后补充道："祝你走运。"

瓦尔波顿估计英舰很可能会与彭特布置在湾口的警戒舰相遇，这会使进攻失去原有的突然性。英海军部也对瓦尔波顿的计划持怀疑态度，觉得它太冒险了，在电文中警告说："两艘挪威炮舰可能已经落入敌手，仅是它们，就可带来相当大的危险；在这种情况下，只有你可决定是否发起攻击。我们将一如既往地支持你。"瓦尔波顿没有改变计划，他的驱逐舰正在顶着海上的暴风，摸索着进入奥佛特湾。尽管如此，海军部缺乏对第一手情况的了解和过多的干预再次破坏了前线指挥官的决策。当收到瓦尔波顿第一份有关纳尔维克的德军实力的电报时，惠斯沃思的舰队已得到了很大的加强，增加了多艘战列舰和一批驱逐舰。他考虑增派巡洋舰"佩尼勒普"号和数艘驱逐舰支援进军纳尔维克的驱逐舰队。"佩尼勒普"号巡洋舰的大炮就足以在第一轮交火中消灭敌舰队。当海军部接手后，惠斯沃思就放弃了指挥，由海军部直接向他手下的参战部队下达命令。

4月10日1时，英国驱逐舰队从湾口的特拉诺伊导航站边鱼贯而入，悄然地以纵队队形驶入沉沉的黑暗之中，纷飞的大雪降低了本来就很差的能见度，不断出现险情，有时是仅差分毫就要撞到岩石上，还差一点撞上了一艘挪威客船。逐渐深入湾底的英舰并没有像彭特所想的那样被德巡逻舰所阻止。出现这一失误的原因，是德国"迪特·冯·列德尔"号驱逐舰未能严格执行命令，它没有等待来接替的舰只到达，就离开了哨位。大雾和暴风雪掩盖了英舰的行踪。瓦尔波顿达成了预计的突然性，当它们逼近港口入口时，德舰一点都没有察觉。

两艘英舰负责压制德国岸炮火力，瓦尔波顿指挥其他三舰直取港口。4时20分，纳尔维克港的轮廓刚从暗夜中显现出来，宁静就被"哈迪"号如雷鸣般的第一次侧舷齐射打破了。接着，水沫飞溅的七枚鱼雷直奔泊位上的德舰，其中一枚击中旗舰"威廉·海德肯普"号的弹药库，舰尾被炸飞，舰队司令彭特及舰上大部分官兵都在睡梦中死去。另外两枚鱼雷将"安东·施密特"号驱逐舰送到了海底。其余四枚鱼雷或钻进了泊位上盟国与德国的商船当中，或撞上了岩岸爆炸。所有这些发生在不到5分钟时间里，而德方一炮未发。等到惊醒的德国水兵开始操炮还击时，"哈迪"号已驶离，"哈沃克"号和"猎人"号的炮口喷吐着火舌，集中火力射击正在加油的德舰"吕德曼"号，德舰迅速解缆，一门大炮被击毁，舰尾的弹药起火爆炸，为保住军舰，向弹药库注水。另一艘正在加油的德舰"赫尔曼·库纳"号虽未中弹，却因近旁"安东·施密特"号爆炸引起的剧烈震动，机械一时失灵。"迪特·冯·列德尔"号在快要下沉时，自行搁浅在岸边。德舰甚至没有想到赶紧离开危险的油船。

前去压制敌海岸炮的两艘驱逐舰发现，所谓的敌海岸大炮，不过是神经过敏的情报军官的幻觉。直到这时，英国军舰干得不错。搜索、制服了几乎所有敌舰，而自身损失甚微。瓦尔波顿一度考虑是否派遣小规模的登陆部队占领纳尔维克。但他很快就冷静下来，认识到小股部队不可能是岸上德军精锐山地部队的对手。而且为了不误伤挪威人，他的军舰不能为登陆部队提供火力支援。在这种情况下，唯一的选择就是撤离。5时30分，他带领着5艘驱逐舰以15节时速驶离了奥佛特湾，舰上仍有足够的弹药和鱼雷。

而这时，运气转到了德国人一边。当英舰途经哈扬湾时，突然从右舷射来猛烈的炮火，德国驱逐舰"参克尔"号、"吉塞"号、"科尔纳"号从湾中疾驶而来，德舰总数比预先估计的多了两艘。它们是在5时15分得悉纳尔维克遭袭击后从自己的锚地以30海里时速紧急赶来的，瓦尔波顿把德舰当作是1艘巡洋舰和3艘驱逐舰。瓦尔波顿要逃脱追击并不难，因为德舰都未经加油，不能以如此高速行驶很久。另外两艘德舰"蒂勒"号和"阿尔尼姆"号在5时40分收到纳尔维克发出的警报后也赶到，这两艘德舰从雾中突然闪现在"哈迪"号前面不远处，英舰一下子陷入了两支德国舰队的钳形攻势下，更糟糕的是，德舰第一次齐射就命中旗舰的舰桥。

"哈迪"号的一名幸存者对当时情形有如下描述："瓦尔波顿舰长被击中，这对我们是沉重的一击。克罗斯中校也当即身亡，副指挥官戈登·史密斯受了重伤。军需官斯坦宁中尉接过了指挥权，我舰和其他各舰的处境都是同样糟糕，但我方仍有一些做好准备的火炮，向比我们大的德国驱逐舰射击。不一会，操舵装置失灵，我舰偏离航线驶入了浅水区。在离岸250米的地方触礁。这时，乘员们听到了瓦尔波顿的最后一个命令，他喊道，'弃船，各奔前程，祝各位好运'，我们尽速地从甲板跳下去，海波尔中尉在沉船与礁岸之间来回游动，至少救起了5人。最后，我们上了岸，共有170人，有17人已在舰上阵亡，两人失踪。我们看到两百米外有一座房子，我们扒开了两米厚的雪向那房子靠近，女主人和她的妹妹尽其所能帮助了我们。瓦尔波顿舰长是在筏子上被冲上岸的，他已死去，被挪威人就地埋葬。"

"哈迪"号沉没后,"猎人"号行使指挥,它马上成了敌舰炮火的主要目标,很快起火,失去了战斗力。"鲁莽"号接替了它的指挥位置,舰长雷曼命令操舵手避开已燃烧下沉的"猎人"号,未待执行,德舰射来的一枚榴弹炸毁了舰上的操舵装置,"鲁莽"号失去控制,舰首插入已受伤的"猎人"号的舰身。德舰的弹雨落在这两艘扭在一起的英舰上,雷曼设法从舰桥进入了尾舵室直接操纵,终于使舰摆脱了正在下沉的友舰,然后以最高速度向海湾的出口驶去。德舰炮火都集中在领头的英舰上,所以"哈沃克"号和"敌对"号几乎没有受伤。当它们从已遭炮火重创的两艘友舰旁驶过时,开始与"蒂勒"号和"阿尔尼姆"号交火,由于距离过近,双方火炮都是直射,德舰驶向东方,企图与"参克尔"、"吉塞"和"科尔纳"号会合。"哈沃克"号和"敌对"号以炮火支援和施放烟雾掩护两艘受伤的友舰,并调转航向迎面扑向驶来的德舰。可它们却发现德舰无意纠缠,三艘德舰已耗光燃料。"蒂勒"号的两门大炮被打坏,并被迫向弹药舱放水,"阿尔尼姆"号的一台锅炉损坏。德舰改变航向朝纳尔维克驶去。

这就是第一次纳尔维克战役,其结果是:德分遣舰队司令彭特的10艘驱逐舰中,有2艘沉没,3艘受重伤不再能出海,1艘的弹药舱进水,1艘机械失灵,仅3艘未受损。它们的燃料快要用光,弹药储备只剩一半。英驱逐舰队损失了2艘,不少人落水后被冻死,德舰救起了50人。瓦尔波顿被授予维多利亚十字勋章。

战斗尚未结束,当"敌对"号和"哈沃克"号驶向湾口时,怀特看到有一艘巨大的商船在入口处,遂向其船首前方开炮令其停船,第二发炮弹击中船体，迫使船员纷纷跳下了甲板。他们被"哈沃克"号打捞了上来。英舰派人上船检查，发现是德国供应舰"劳恩费尔斯"号，库拉奇向它打了两发榴弹，舰上的弹药发生了剧烈爆炸，碎片飞上了1000米的高空。"劳恩费尔斯"号的沉没，使在挪威的德国驱逐舰失去了可能到手的最后一批弹药补给。

惠斯沃思于6时收到瓦尔波顿最后一次无线电通话：有一艘敌巡洋舰和三艘驱逐舰迎面驶来。他立即命令雅茨上尉率领"佩尼洛普"号及其他8艘驱逐舰前去掩护从纳尔维克驶出的5艘驱逐舰。此后，它们还要在佛斯特峡湾巡逻，以防从入口处有更多的敌舰突入纳尔维克。雅茨完成了第一项任务，援助了三艘脱险的驱逐舰。其中未受太大损伤的"哈沃克"号加入了他的舰队。然后，他执行封锁港口的任务。

4月10日晚，英国海军部向雅茨下达命令："如果你认为这是有充分准备的行动，就带领现有的驱逐舰赴纳尔维克地区，今晚或明早对敌发起进攻。"雅茨再次以突然袭击的方式消灭彭特的继任率领的8艘驱逐舰。它们中间，只有"吉塞"号和"参克尔"号还有战斗力。"吕德尔"号被打坏，只能停在防波堤旁作为浮动炮台使用。另有4艘需经至少两天的修复，方可使用。当日的沉船的残骸使得航行变得十分危险，夜间进攻已不可能。数次延搁，使德方获得了24小时的喘息机会，做好抵抗的准备。

10日中午，德代理指挥官已收到柏林来电，命令他带领一切可行动的舰只从纳尔维克突围。傍晚，天色渐黑，"吉塞"号和"参克尔"号溜出了奥佛特湾，刚一进入通往大海的佛斯特峡湾，就发现"佩尼勒普"号巡洋舰和两艘驱逐舰，可是英舰并没有看见它们。

德舰放弃了突围企图，折返纳尔维克，向柏林电告了情况。

当晚，德潜艇U-25号在湾中对正在巡逻的英舰发射了两枚鱼雷，幸而因磁性引信故障而在中途爆炸，英舰"贝都因"号误认为进入敌布下的雷区触发了水雷，并将这一错误情况报回了海军部，补充道，进攻纳尔维克的行动已无法执行。次日，"佩尼洛普"号在湾外搜索敌舰的战斗中受伤，进攻纳尔维克的日期又推迟了。

13日，英海军出动了一支包括数艘战列舰和航空母舰的庞大的力量作为后援，组织了特遣舰队，以五艘运输舰搭载两个旅。一旦驱逐舰把港湾中的德舰消灭掉就登陆。13日13时，以舰炮猛烈轰击，然后惠斯沃思的小型舰队深入港中，剩余的德舰顽强抵抗。当日，英巡洋舰和驱逐舰撤出了港湾，进入佛斯特峡湾的较开阔的海面，在这里，惠斯沃思电告总部，"今日的袭击使敌占领军陷于混乱，建议毫不犹豫地派出登陆部队主力占领该市。"而这支部队最早能在48小时内赶到纳尔维克湾口。次日，惠斯沃思又电告，"据挪威当地人估计，有德军1500到2000人，我相信，可以在不遇到顽抗的情况下夺占该市。"但英军这次行动的高级领导人中存在意见分歧，为了避免损失，准备在纳尔维克附近的一个小港登陆，而不是直接攻占该市。

4月14日至5月2日，在另一方向发生了盟国军队试图夺回特隆海姆的战斗，有三万人登陆。德军已迅速将大批"斯图卡"式俯冲轰炸机调到挪威，进驻刚刚占领的机场，对英国登陆部队狂轰滥炸，德国山地部队也进行了顽强的抵抗。地面战争进行了两个月，盟国军队和挪威军的残部渐渐抵抗不住大批北上而来的德国增援部队，向挪威北部退却，6月8日，与挪威王室和政府一起从海上撤往英国。

占领法国、丹麦、挪威之后，德国控制下的大西洋海岸向南拓展至西班牙，向北拓展至北冰洋，德国在大西洋的战略态势得到了极大改善。获得了上万公里的大西洋海岸线和众多良港，打破英国对北海的海上围困，将舰艇作战基地向南向北前推了数百里至上千公里，并使以后美英与苏联的海上联系变得十分困难。

五

逐鹿南大西洋

　　第二次世界大战前，德国一直致力于在《凡尔赛条约》所规定的一万吨范畴内建造相当于战列舰的舰只。德国海军称这种类型的军舰为装甲舰，其他国家称之为"袖珍战列舰"。第一艘这种独特的军舰在基尔船厂下水，它装备有6门28厘米口径大炮，时速达26节。这种舰型的火力超过当时所有巡洋舰，除了英国和日本的8艘战列巡洋舰以外，它的速度也快于当时世界上所有的大型舰只。但在1933年的最后装配时发现，只有在突破《凡尔赛条约》的限制，将吨位增加2000吨的情况下，方可以达到上述要求。它的续航力很强，以经济的19节时速航行，活动半径可达9000海里。德国海军订购了两艘这种军舰，它们是"斯比"号和"舍尔"号。

　　"斯比"号（全称"格拉夫·斯比海军上将"号）1936年建成下水、排水量1.2万吨，舰员965人，装备有6门280毫米炮，8门149毫米辅炮，6门105毫米炮，8具四联装鱼雷发射管，并搭载飞机2架，航速28节。为了长期在海上作战，定期派遣供应舰"阿尔特马克"号在预定海域同其会合提供补给。

雷德尔本拟订购多艘这种军舰,纳粹在1933年上台,撕毁了《凡尔赛条约》,对德国造舰的各种限制不复存在,这种军舰的建造就中止了。根据1935年的英德海军协定,德国可拥有相当于英国35%的水面舰只和同等多的潜水艇。具体地讲,可拥有41700吨和32000吨的战列舰各2艘,重巡洋舰8艘。

希特勒得寸进尺,于1939年宣布取消这一条约,德国海军的扩张欲望进一步膨胀,按照它提出的"Z"计划:在40年代建造13艘战列舰、4艘航空母舰、33艘巡洋舰和250艘潜艇。1939年初,德国兼并捷克,雷德尔看到,与英法的一战终难避免,于是加紧作战准备。与当时英法的23艘战列舰、8艘航空母舰和80艘巡洋舰的总兵力相比,德海军可投入的兵力少得可怜。仅有2艘战列舰、3艘袖珍战列舰和8艘巡洋舰,以及57艘潜艇。以潜艇和水面舰艇进行袭船战仍是其作战计划的主旨,最适合的舰型就是袖珍战列舰。

雷德尔在希特勒发动对波兰的闪击战之前,于8月21日下令朗斯多夫上校率领"斯比"号从威廉港起航出海,"德意志"号在三天后也驶入了大西洋。两船都紧贴着挪威沿海直向北驶,在北海大雾的掩护下,避开了英国本土舰队和皇家空军的监视,绕过法罗群岛,进入北大西洋。当英国在9月3日宣战时,"德意志"号和它的供应舰已经驶至冰岛以南了。而"斯比"号和它的供应舰"阿尔特马克"号正取道西非塞内加尔附近的佛得角群岛向南大西洋驶去。希特勒仍怀有诱降英法的念头,两艘用于袭船的德舰都受命暂缓敌对行动,9月26日,它们收到了新的命令:"以一切手段破坏敌人的海上运输线,最重要的是,在相距甚远的不同海域以突然袭击的方式作战。"

"斯比"号被称为"袖珍战列舰"

"德意志"号的作战帮了雷德尔的倒忙。盟国护航体制的实施使得北大西洋上空空荡荡，缺乏可以选择的目标。它在大西洋上游荡了数星期之久，在10月5日击沉一艘英船，数日后击沉美船"火石城"号和挪威船"汉森"号。后两艘都是中立国船只，招来一片抗议之声，所以它出海不久就被召回了。此后，南大西洋成为德国水面袭船战的主战场。

"斯比"号神出鬼没，于9月30日击沉英船"克利门特"号，5天后击沉了从好望角驶向英国的"牛顿海滩"号，10月7日、8日，又在同一水域击沉"阿什利亚"号和"猎人"号商船。从在大西洋中部的"阿尔特马克"号供应舰获取燃料后，"斯比"号再次扑向好望角至英国的航线，击沉"特勒维尼安"号商船，它与以往被击沉船只不同，在沉没之前抢先发出电报报警。"斯比"号上的报务员也收到了沉船的电报，这就使朗斯多夫不敢再停留于这个水域。"斯比"号驶向印度洋，在澳大利亚海域游荡了10天之久，折向北方，来到了莫桑比克海峡，又击沉一艘货船。

1939年11月，"斯比"号的油料已快耗尽，驶往南大西洋的预定会合地点，进行补给。朗斯多夫将舰上所有俘虏都转移到供应舰"阿尔特马克"号上，令其在某一中立国港口将上述人员释放。在这里，朗斯多夫于23日写道："'斯比'号现已航行30000海里，对敌航运的袭扰还要一如既往地进行下去，以最大限度地牵制敌人的海军作战力量。根据机械状况看，本舰已该进港大修，能进行袭船活动的日子不多了……在作战距离之内，'斯比'号可以击伤除'声望'号以外的所有敌舰，使其不能进行追击。"斯比"号在结束大修后，可以于12月6日再次活动于好望角附近的航线上，如果机械状况允许的话,就驶回本土或在拉普拉塔河口进行袭船。"

"斯比"号驶回非洲海岸,12月2日,击沉"多利克之星"号,这艘船在沉没之前也发出了电报。朗斯多夫只好离开这一猎场,向西驶往大洋中部,与"阿尔特马克"号会合,进行了最后一次加油。12月7日,击沉商船"斯特伦沙"号。在十周的袭船中,"斯比"号共击沉9艘敌船,计5万吨。

朗斯多夫从"斯特伦沙"号上缴获的文件了解到,驶出南美拉普拉塔河口的盟国船只都是先向东航行300海里,然后结成船队向北驶往开普敦,因此有隙可乘。这时,柏林来电,通知朗斯多夫有4艘英船将于10日驶离蒙的维多港,朗斯多夫马上下令驶往拉普拉塔河口。但是7日这一天,舰上唯一的侦察机因降落时损坏了一个发动机,舰上储备的零配件用完,无法再起飞执行任务。其后果是,"斯比"号已不能够了解目视范围之外的敌情了。朗斯多夫判断英舰都是单独地在这一海域执行巡逻任务,对此并不介意。可事实偏不是这样,12月13日一早,大约5时52分,在右舷出现了两个,然后是三个浓烟柱,6时,已可望见来舰的轮廓。

它们是由英舰"坎伯兰"号、"阿杰克斯"号和"阿奚里斯"号组成的一支搜索队。英国海军大臣庞德上将和英国南美分舰队司令亨利·哈伍德都富于海战经验,深知行动迅速的大型舰只能够马上置英国航运于死地。"克利门特"号等船在相距甚远的海区沉没,说明大西洋上至少有两艘德国袖珍战列舰在活动。这样,在10月5日,英法海军组建了8个搜索舰队,其中G搜索队由亨利·伍哈德少将指挥,有4艘巡洋舰(两大两小),负责南美洲大西洋岸的海域。其要求是,在速度上,必须能赶上敌袖珍战列舰;在火力上即便不能击沉敌舰，也要压倒它。哈伍德少将在收到了有关敌舰在东非海岸袭船的消息后，根据德舰来去飘忽的一贯做法，估计敌舰很可能会横渡大洋驶往南美阿根廷沿海继续袭船。他确定了重点搜索地区，指挥3艘巡洋舰（另一艘正在马尔维纳斯群岛修理），开赴阿根廷拉普拉塔河口待机。

正如雷德尔上将所预见的，袭船活动果然吸引了大批盟国舰船，至少有4艘战列舰、5艘航空母舰和17艘巡洋舰参加了对"斯比"号的搜索。为了防范德国本土港口内的军舰突围进入北大西洋，英国在该海域还另增派了4艘战列舰和4艘巡洋舰。在北海的斯卡帕湾集结了一支舰队，作为紧急状态下的支援力量。在1939年，"沙恩霍斯特"号和"格奈泽瑙"号就曾做过突围的尝试，它们在法罗群岛和冰岛之间遭到阻击，击沉了英辅助巡洋舰"拉瓦尔品第"号后，退回威廉港。现在，这支针对"斯比"号而集结的庞大力量对英法海军都是一个沉重的负担，以至为保护直布罗陀附近的商船，只能派出3艘护卫舰。英海军力量吃紧。所幸当时日本和意大利未参战，还可应付。

搜索舰队之一，就是以上提到的G分遣舰队。大约有两个月时间，哈伍德的分遣舰队一直徘徊在东非沿海。在此期间，盟国寻找敌船的努力一直没有成果。12月初，哈伍德的旗舰"阿杰克斯"号（舰长伍德豪斯）来到了拉普拉塔河口，由新西兰人驾驶的"阿奚里斯"号（舰长W.E.帕利）在里约热内卢附近巡弋，重巡洋舰"坎伯兰"号（舰长法罗菲尔德）和"埃克塞特"号（舰长贝尔）部署在马尔维纳斯群岛的斯坦利港。

这一部署很快就改变了。哈伍德收到了"多利克之星"号沉没时发出的电报,他因此判断,"斯比"号即将对自己分遣舰队的搜索区域的航运实施攻击。按照航程推算,朗斯多夫将于12月12日驶抵里约热内卢,13日驶抵拉普拉塔河口,14日驶抵马尔维纳斯群岛。他认为其中第二种可能性最大,因此命令"埃克塞特"号和"阿奚里斯"号在12日上午7时于马尔维纳斯群岛以东150海里处会合,"坎伯兰"号在斯坦利港以舰上现有的器材进行一次短暂的修理,同时以其火力护卫该港,抵御敌舰可能的袭击。

当日早上三舰会合之后,以纵列前进,为省燃油,时速限为14海里。"阿杰克斯"号上载有两架飞机,但是,当天拂晓前尚未进行过空中侦察,哈伍德必须非常有节制地使用舰载侦察机,因为搭载的两架飞机已经故障频出,不可能持续使用多久了。哈伍德确定了战术:迅速接敌,剥夺敌舰火炮射程上的优势;两翼包抄,迫敌分散火力。12月13日,三艘英舰以12英里的间隔沿阿根廷海岸从南向北搜索,能见度极好。

果不出哈伍德预料。13日6时14分,一道浓烟柱在远方出现,"埃克塞特"号受命前去验明来船。两分钟之后,舰长贝尔来电:"可能是袖珍战列舰。"根据德国海军作战档案记载,"斯比"号较"埃克塞特"号早20分钟发现对方。按理说,朗斯多夫理应知道遇到了什么样的对手,并可以悄悄溜走而不被发现。很可能是朗斯多夫误认为对手也同时发现了自己,而不得不投入一场无望的战斗。德国海军作战日志对当时"斯比"号的处境评价道:"'斯比'号袭船的使命已临近结束。"

按照朗斯多夫的见解,"斯比"号凡与敌舰遭遇,都要迅速接近敌舰,发挥火力优势,击沉或至少击伤来敌,使其无法追踪。但是,当双方驶近时，朗斯多夫所看到的不是一艘，而是至少三艘英舰，他的心一下子收紧了。此时，他还可以调转航向，并以28厘米口径大炮的优势射程使敌舰不能靠近，从而脱离接触。然而朗斯多夫仍抱定两军相逢勇者胜的信念，"斯比"号径朝敌舰驶去，以便发挥中小口径炮的火力，节省宝贵的无法补充的大口径炮弹。

15分钟后，距离缩至18000米，他下令左转舵，让两个重炮炮塔都能向"埃克塞特"号开火，哈伍德遇到了一个火力和装甲都占优势的敌手，但他也有自身的优势：速度较敌舰快，还可发挥多艘军舰的各种口径火力，从各个方向射击"斯比"号。在前一天，他已对各舰指挥官下达了这样的命令：我的作战意图是，以三艘巡洋舰对一艘袖珍战列舰，不论是白天还是黑夜，迅速接敌。三舰分为两支力量，"阿杰克斯"号和"阿奚里斯"号为一组，"埃克塞特"号单独行动，各舰拉开距离，以方便炮兵观测和从侧面威胁敌舰。

有了这一指示，贝尔在作战时就无须下达其他的命令了。"埃克塞特"号与"阿杰克斯"号和"阿奚里斯"号都拉开了距离，全速接近"斯比"号，调整方向，让三个炮塔充分发挥火力。在6时20分，迟于"斯比"号两分钟开火。与此同时，哈伍德下令第一组的两舰全速接敌，于21分在17000米的距离开火。

当"斯比"号进行第三次齐射时，炮弹已开始落在"埃克塞特"号的近旁。一发在近距离爆炸的炮弹，炸死了右舷鱼雷发射管的所有操纵手，并使搭载的两架飞机都未及弹射出去就遭损坏，舰上的水手怕燃烧的飞机在甲板上引起大火，马上将它们推入海中。这时，只有"阿杰克斯"号上的飞机还能执行侦察任务了。该机于6时37分弹射起飞。有大约15分钟时间，电讯中断，"埃克塞特"

号无法向第一组报告射击效果，它已进行了八次齐射，命中一发，炮弹击穿了"斯比"号的甲板，却没有爆炸。而"斯比"号的一枚28厘米口径炮弹击毁了"埃克塞特"号的B炮塔，炸裂的碎片毁坏了舰桥，打死了两个人，而且舵房的整个传令系统都失去了作用。贝尔舰长头部中弹，血流满面，他带领参谋人员进入位于烟囱后部的第二指挥所，从那里靠由传令兵组成的人链向尾舵下达命令。不一会，"埃克塞特"号又中了两枚重炮炮弹。

但"斯比"号也不是完好无损，指挥部被重炮炮弹击中，6时30分，它的部分火炮被迫转向，加入对"阿杰克斯"号和"阿奚里斯"号的战斗。两舰都以极高的航速曲折航行，规避敌舰准确的炮火，舰的四周全是溅起的水柱，靠着这种疯狂的机动动作，除了近距离爆炸的弹片造成的伤害之外，两舰没有直接中弹。趁此时机，贝尔先后以两舰的鱼雷攻击"斯比"号，为规避两艘轻巡洋舰逼近后越来越猛的速射炮火，朗斯多夫调整航向，避开英舰，并施放烟雾，主炮重新对准最初的对手，以两枚28厘米口径的炮弹命中"埃克塞特"号，一枚使A炮塔失去作用，另一枚在舰的中部爆炸，引起了大火，打坏了所有炮兵指挥仪和回转罗盘，舰的操纵只能靠简单的罗盘。几乎与此同时，"埃克塞特"号的重炮炮弹也击中了"斯比"号。

朗斯多夫已经预先决定，在交火后最迟20分钟便撤出战斗，它现在被三艘敌舰紧紧缠住，速战速决的打算落空，更是急于脱身。它转向西南，朝着"埃克塞特"号驶去，这艘只有一座炮塔还能继续作战的英舰眼看就要被击沉，"阿杰克斯"号和"阿奚里斯"号的15厘米口径大炮无法击穿"斯比"号的装甲，幸运的是，朗斯多夫担心军舰的上层设施被击坏,也担心无装甲防护的中口径火炮炮手和高炮炮手遭受进一步伤亡,改变了战术,在16000米之外与英舰对射。这时,"埃克塞特"号舰首再次中弹,大量海水涌入,7时29分,最后一座炮塔也因断电而停止了射击。舰上官兵已伤亡近百人,贝尔不得不下令停止作战。

贝尔在航海日志中写道:20分钟后,在视界内已看不到敌袖珍战列舰,"阿杰克斯"号和"阿奚里斯"号进行追击。正巧"斯比"号在烟雾掩护之下转舵,距离拉近到1万米,"阿杰克斯"击中敌舰中部,而对方的炮弹也打坏了它的一座炮塔。正当两舰激战时,伍德豪斯的"阿奚里斯"号在8200米距离对"斯比"号施放四枚鱼雷,朗斯多夫为了躲避,下令左转舵,并射出了鱼雷。明显的鱼雷航迹被"阿杰克斯"号及时发现,没有命中。"斯比"号全速向西驶去,两艘英舰紧紧尾追。7时38分,距离又缩至7300米。哈伍德接到通知,座舰已消耗了80%的弹药,他估计"阿奚里斯"号的情况也大致相同,而此时"斯比"号的炮火并没有减弱,一发炮弹在"阿杰克斯"号的顶部爆炸,桅杆和所有的天线都被炸飞,哈伍德决定中止战斗。这场激战进行了80分钟,暂告一段落,这时哈伍德方获悉仅仅是前主炮已耗弹80%,已经失去歼敌的战机了。

朗斯多夫身中两枚弹片,鲜血浸湿了军装,无心恋战,以24节时速向西疾驶,拉大了与英舰的距离,保持着15海里的间距。德舰还有40%的弹药,朗斯多夫已无机会以其现有的弹药量使两艘敌舰退出战斗了。即使能够做到这一点,它也再无弹药在驶返德国的航程上突破英国本土舰队的封锁。而且"斯比"号上有36名官兵阵亡,另有6人生命垂危急需救治,53人受了程度不同的轻伤,也难于坚持作战,舰上的62名英国俘虏却安然无恙。促使朗斯多夫做出撤退决定的主要原因,是"斯比"号所受的创伤,它中了3枚20.3厘米口径炮弹和17枚15厘米口径炮弹,但是其中只有一枚穿透了钢甲,"斯比"号的战斗力基本上没有受到影响。所担心的是舰首被打坏,裂口进水,必须修好,方可顶着南大西洋的冬季风暴前行。舰上的炊事设施,燃油和润滑油的净化器都被击毁,它们无法用舰上现有的器材修好。

"斯比"号的舰海日志记载道:"除了军舰的上层设施所受的损伤之外,舰体上寄生的藤壶也严重地影响了航速,舰上的大口径炮弹尚够50次齐射,中口径火炮的射击因两部弹药传送装置被毁受到限制,重型高炮有三分之二被打坏。测距器的光学部件受损无法再用,最令人担忧的是发动机的使用时限已经超过原定的一倍,且出现了疲劳和负荷过度的现象……因此,航速超过17节就不能保证发动机的安全。"但是,即便有上述所有这些因素,朗斯多夫将军舰驶往中立国港口蒙得维的亚,就注定了"斯比"号的覆灭。他的辩护者曾认为,做出这一决定,是因为面部的伤使他感到十分痛苦。更令人信服的解释应是,哈伍德的紧追不舍逼得朗斯多夫不可能有其他选择。

8时整,哈伍德命令"阿杰克斯"号上的飞机起飞去寻找已经失去联系的"埃克塞特"号。不久,飞机找到了"埃克塞特"号,发现它受了重创,舰的中部正在燃烧,不能够再作战了。9时16分,哈伍德召唤重巡洋舰"坎伯兰"号全速从马尔维纳斯群岛驰援,该舰立即中止了修理工作,10时驶出了斯坦利港。舰长法罗菲尔德自从早上6时30分获悉分遣舰队与敌舰交火,已经自行下令升火待命。锚地距拉普拉塔河口尚远，"坎伯兰"号以30节时速，要航行36小时方可抵达战场。

10时5分，"阿奚里斯"号逼近"斯比"号，将距离缩短到21000米，立即招来了对方的两次28厘米大炮齐射。水柱就在舰舷旁冲向空中，帕利下令施放烟雾退到安全距离，一小时后收到"埃克塞特"号发来的电报，它装上了一架应急天线，它仅有一座炮塔可以使用，船首进水下沉，时速至多可保持18节，哈伍德令其驶往斯坦利港抢修。两艘正在追击中的轻巡洋舰情况较好，共只阵亡11人，伤5人。它们如影随形般地一整天跟在"斯比"号后面。

19时15分，在看到乌拉圭海岸一个小时之后，"斯比"号又在24000米的距离向"阿杰克斯"进行了两次齐射，并向柏林发报：驶往蒙得维的亚。雷德尔元帅回电：同意。哈伍德已有充分的把握断定敌舰的目的地，他令只受了轻伤的"阿奚里斯"号继续向西跟踪"斯比"号，自己带领"阿杰克斯"号向南驶去，以防"斯比"号向这一方向逃脱。8时48分，太阳沉入大海后不久，"斯比"号离目的港只有50海里了，向后面的"阿奚里斯"又打了三次齐射，企图逐退追踪者，英舰回敬了五次齐射。黑暗降临时，为不失去与敌舰的接触，帕利把距离压到9000米。22时，蒙得维的亚港就在眼前了，港口中的灯光清晰地映衬出"斯比"号的轮廓，半夜时分，帕利清楚地看见敌舰就抛锚在这个中立港的锚地。他不知朗斯多夫要在这里停留多久，他的舰只已有两座炮塔被击毁，"坎伯兰"号要待24小时后方可驶抵，两舰守在敌舰必经的航道上。

在此期间，英德两国在蒙得维的亚进行着紧张的外交活动，英海军也在紧急地调兵遣将。现在的问题是，"斯比"号究竟能在蒙得维的亚港待多久。驻弗里敦的英国南大西洋舰队司令利昂上将电令重巡洋舰"多塞特郡"号从开普敦锚地驶往拉普拉塔、海军大臣庞德令其姊妹舰"施洛普郡"号前往接应。另外，调原属 K 舰队的战列巡洋舰"声望"号和航空母舰"皇家方舟"号赴里约热内卢待命。在那里，另有一艘巡洋舰加入南下的舰队。为防范德舰逃逸闯入印度洋，向南非的德尔班调了一艘航空母舰和两艘巡洋舰。

不久，拉普拉塔海域就英舰云集，但一时间，它们还分散在相距甚远的大洋上，"皇家方舟"号远在2500海里之外，"多塞特郡"号和"施洛普郡"号在3500海里之外。这支力量绝对没有可能在规定的时间于预定点会合。

乌拉圭政府面临的难题是，如何解释和遵守国际法。海牙公约规定，"交战国舰只在受创的情况下可在中立国港口停留 24 小时以上，在修理期间，只能增进舰只的必要的航行能力，而不能增强其战斗力，该中立国应确定，何种修理属于必要的范围。"德国公使奥托·朗曼力辩"斯比"号因受重创可在港中停留 15 天，同意乌拉圭派技术专家上舰验查。朗斯多夫不仅要使"斯比"号恢复航行能力，还企图提高其战斗力，英国公使米林顿·德雷克抗议道："斯比"号在结束作战行动时以高速行驶了 300 海里，因此该舰不应存在航行能力问题，所以只可在乌拉圭港口逗留 24 小时。12 月 14 日，中立国专家登舰检查，在此之前，朗斯多夫已将舰上拘押的英国战俘全部释放，并将所有伤亡者送到了岸上。

这时英国对德舰留港时间的态度又发生了根本转变，为了争取时间集结力量，哈伍德电告驻乌公使，要他在重巡洋舰"坎伯兰"号赶到之前，设法尽可能久地把"斯比"号拖在港中。但是，按海牙公约，进入中立国港口的交战国舰只需在敌国商船驶离后24小时方可离港。在最初几天的交涉中，为使德舰不能久留，在英国驻蒙得维的亚海军武官催促之下，停泊在港的英船"阿什沃思"号已于当晚就起锚离港，现在，米林顿·德雷克只能期待德舰不早于16日18时启程。其实，英国政府本可不必改变其原政策，因为乌拉圭政府的裁决是，"斯比"号可延迟72小时出港。而对于朗斯多夫来说，拖延时间，就是让自己陷入绝境。"声望"号战列巡洋舰和"皇家方舟"号航空母舰正在日夜兼程地驶向拉普拉塔海域。

朗斯多夫给柏林发报："1. 作战中的处境：蒙得维的亚港已经被巡洋舰、驱逐舰、航空母舰和战列舰昼夜封锁，没有突围进入公海和突破封锁返回本土的希望。2. 如果能够以剩余的弹药突破包围驶向布宜诺斯艾利斯，可能一试。3. 如果突围肯定导致"斯比"号被击沉而又不会给敌人造成伤害，就要在拉普拉塔河不够深的水中将它凿沉或任其被扣留。4. 请复电指示。"雷德尔的回电同意朗斯多夫拖延时间的决定：1. 以一切手段拖延在中立国水域逗留的期限，尽可能久地保持谈判的自由。2. 同意来电第二条意见。3. 对来电第三条意见的指示是，绝不能在乌拉圭被扣留，凿沉时应进行彻底的破坏。德国海军对"斯比"号处境的判断受朗斯多夫所报告敌情的严重影响，他错误地判断英航空母舰和重型舰只已经封锁河口，其实这些增援舰只尚在拉普拉塔河口以北数天的航程之外。

德国公使再次努力延长"斯比"号的停泊时间，因乌拉圭坚持按照国际法行事，未获成功。12月17日晨，朗斯多夫的命运已经注定了，因柏林已来电不准军舰被扣留，"斯比"号必须在当天晚上离开蒙得维的亚。在此期间，哈伍德一直在收听蜂拥而至的美国记者向国内发出的电讯报道，完全掌握了"斯比"号的动向，德舰在蒙德维的亚按兵不动，使他争取到了时间，将分遣舰队的全部舰只集结在河口外，一旦敌舰驶出乌拉圭水域，就将它击沉，哈伍德指示各舰仍按照13日的编队投入战斗。他估计，敌舰仍有70%的把握逃脱，可是朗斯多夫已完全绝望了。

17日一早，德国水兵就奉命开始破坏舰上的机要设备和武装，在舰上不同部位安装炸药，最后700名官兵转移到了同一港口的德国商船"塔科马"号上。一过18时，朗斯多夫下令仍留在舰上的40名官兵起锚，码头上聚集了成千上万的看热闹的人，目送"斯比"号和"塔科马"号驶出蒙得维的亚港。驶出4海里之后，"斯比"号折向西，停船抛锚。启动了引信的计时器后，朗斯多夫带领所有人乘小船离开了"斯比"号。

"阿杰克斯"号上的枪炮长是如此描写当时的景象的："这是个灿烂的黄昏，太阳西沉，景色如画，我舰高度戒备，所有火炮都弹药上膛，这时我们接到了通知，敌舰出港，……20时，出现了戏剧性的一幕，我舰上的侦察机拍来电报：'斯比'号自行炸毁。我舰驶近，在视界中逐渐出现了燃烧着的残骸，德国人十分彻底地执行了自沉的命令。午夜时分，我们又向如烽火一般燃着的残骸靠近数海里。然后，就返航了。海军少将哈伍德和他的部下总算松了一口气。四天之久的围歼战以敌舰的毁灭告终。'斯比'号凿沉的地点，海水是如此之浅，以至燃着的船骸上的桅杆、炮塔都露在水面上。"

运送朗斯多夫及部下的"塔科马"号未能驶出河口，它将人员转移到一艘阿根廷拖船上之后，就被一艘乌拉圭军舰拦回蒙得维的亚港。朗斯多夫和他的部下本想会在布宜诺斯艾利斯受到热烈欢迎，

朗斯多夫上校（远处白衣者）主持"斯比"号38名阵亡官兵的葬礼

没想到遭到当地报纸的抨击，指责他没有与舰共存亡。阿根廷政府决定拘留"斯比"号的官兵。当天晚上，朗斯多夫写了三封信，分别寄给妻子、父母和德国驻阿大使，在给后者的信中他写道："我做出了凿沉'斯比'号这一沉痛的决定，以免它落入敌手，以残留的弹药在公海上突围决无希望。很清楚，我的这一决定招致了误解。为此，我决定承担后果，一名指挥官无法将其命运与其舰只分割开来。我已经不能再为我的部下做什么了，我以一死表明，第三帝国的武装部队时刻准备着为它的旗帜的光荣而献身……"朗斯多夫次日清晨身裹"斯比"号上的军旗，自杀于他在布宜诺斯艾利斯下榻的旅馆中，他的部下被送进了拘留营，直到1946年3月才被释放。其中数百人乘坐英国邮船"高地君主"号返回德国，具讽刺意义的是，为该船护航的正是当年的"阿杰克斯"号。

拉普拉塔河口一役，是大西洋之战中第一次也是最后一次单纯的军舰交战，在战斗中没有使用雷达、潜艇和飞机。此役之后，有好几个月的时间，希特勒都不再批准雷德尔出动水面舰只在大西洋进行袭船活动。

"斯比"号在两个多月时间里除击沉5万吨盟国船只外，还将英国海军的8个搜索分队数十艘军舰，包括15艘巡洋舰、3艘航空母舰、3艘战列巡洋舰吸引在南大西洋。

六
海上"狼群"

大洋上的护卫舰、船队与潜艇三者的关系恰似草原上的牧羊狗、羊群与狼群的关系,相互间进行着无休止的追逐、偷袭、警戒和躲避。

1940年10月的一天,小型护卫舰"斯卡波罗"号的指挥官N.V.迪根森在舰桥上,不时以望远镜扫视着散布在周围的船只和水面上的动静,这是靠近加拿大的北大西洋海域,一支由各种船只组成的巨大方阵在缓缓向东移动,它是SC7号船队,包括37艘速度缓慢的旧船,这支船队的行进速度在好天气时也不过每小时7海里,它们所载的货物是为了弥补英国在敦刻尔克撤退时蒙受的重大损失,对危在旦夕的英国十分重要。船队形成一个大约5平方公里的长方形,这种队形易于护航,因为5艘船只的纵队长约1.5海里,15艘船只的纵队可达6至7海里,过长的船队不利于护卫。船只按间距半海里的8个纵队排列,每队4至5艘船,前后间距600码。这种队形使各船之间保持着安全距离,又不致过于分散,居中的指挥船上的信号可被所有船只看到,白天用旗语,晚上用灯光信号。在统一指挥下，所有船只同时以左右45度转向躲避鱼雷。这种队形正面长而侧面窄，可减少惯于侧击的潜艇造成的损失；再者，鱼雷的射程有限，居中的船只往往可幸免于难。

迪根森刚刚经历了一场噩梦：舰队9月20日在冰岛和爱尔兰之间的水域为另一支船队护航时，19艘船中的9艘在夜间被德国潜艇击沉，可他没有发现任何潜艇的踪迹。拂晓后，潜艇没有再跟踪，转向了更为有利的阵地，去伏击更肥的猎物——开往英国的载有货物的运输船队，残余船只才幸免于难。迪根森舰长想起这事，仍是心有余悸。

现在，这艘小小的护卫舰竟要为34艘船担任安全保障工作。出海第四天，一阵强烈的南风把船队吹得稀稀落落，四艘原为北美大湖区的航务设计的运输船跟不上队伍，渐渐被抛在后面，其中三艘不久就被如鲨鱼一样跟随着船队的潜艇击沉。在以后的四天中最高航速不超过每小时6海里。

10月16日，终于盼来了救星，另两艘护航舰"弗韦"号和"蓝铃"号在大约西经21度30分的地方加入护航，这些船只都由缺少训练的皇家海军后备役军人驾驶。三个临时搭档分配了任务："斯卡波罗"号在左侧，"弗韦"号在右侧，"蓝铃"号殿后，环护着庞大的船队方阵。三舰之间相距6海里，即使在满月的夜间银色的海面平静如镜时，浮出水面的潜艇也可轻易地在它们之间穿越防线，而不被发现。夜间无法使用可见信号，无线电通讯又不可靠，相互难于配合。

对于观察哨来说，这是个宁静的夜晚。可在水下，危险正在悄悄逼近。在船队后方数千公尺的暗夜中，一支细长潜望镜在平静的水面上划出了一条细痕，艇长汉斯·罗辛正在U-48号潜艇的指挥塔中注视着猎物，他估算着船队的航向和航速，令报务员向潜艇司令部通报了船队的位置。不一会，在U-48号艇的报务员的耳机里传来了司令部的命令，要他抓住战机，立即组织"狼群进攻"。

与此同时，在位于东经13度和14度之间那个只有海鸥才歇脚的罗卡尔岩礁的东北方，正漂泊待命的U-100、U-28、U-123、U-101、U-99和U-46号潜艇的报务员也都收到了同样的命令，它们疾速进入U-48号艇指定的路线，以便形成以U-48为首的艇群。在白日，敌方频繁的空中侦察迫使潜艇不时地下潜，以致放过了就要到口的猎物，所以夜间的分分秒秒都非常宝贵。出现的猎物如此之丰，罗辛再也禁不住诱惑。他不待艇群聚齐，就独自抢先扑向猎物。随着他一声令下，舵手调整了航向，U-48发起了进攻，凌晨4时，一串鱼雷射向没有防范的运输船队。

在船队左翼的"弗韦"号的指挥官罗伯特·奥布瑞看到闪光，甲板在他的脚下震颤，继之而来的是运输船队中的一串爆炸声。他立即断定，偷袭是从船队的另一侧而来，马上命令驶向"斯卡波罗"号，两船共同搜索右侧水域，但没有发现任何线索。这时，"蓝铃"号的舰长R. E. 舍伍德正在抢救两艘被击中船只的船员，他们正纷纷乘艇逃离沉船。船队总指挥海军少将麦克南正在货船"亚述"号上，他立即下令所有船只紧急向右转，偏离敌人的攻击方向。所有30艘船只同时转向45度，船队由长方形变为梯形驶离危险水域。

所有三艘护航舰只都被吸引在一侧，船队的防御失去平衡。在黎明时分，"斯卡波罗"号回到了船队，留下"弗韦"号继续搜索。但当它刚一回来，就收到桑德兰式侦察机的报告，称刚攻击了船队左侧水平线的附近有一艘潜艇,迪根森马上驶赴现场,U-48号此时被两艘护卫舰和飞机迫入水中,英舰也失去了目标,舰长迪根森渴望击沉潜艇,在飞机报告的地点徘徊搜索了24个小时,待它悻悻离去时,它14海里的航速已不足以在危险时刻赶上驶远的船队了。

"斯卡波罗"号和"蓝铃"号紧随着船队,分别守护在左右两侧。另外两艘护卫舰"雷斯"号和"哈特西"号正在驰援途中。但是即便它们驶至,防卫也十分薄弱。好在U-48号艇失去目标,另一艘潜艇U-38报道的船队位置要偏北得多,使得潜艇司令部无所适从,在罗卡尔礁以东设置一道警戒线,这里是船队有可能在白天经过之处。正当这六艘艇驶往新的待机阵地时,U-38号艇再次发现船队,它于黎明时分急匆匆地在船队看不见的地方绕了一个大弯子,驶到船队侧前方,拟于傍晚进入攻击位置。

午夜后不久,U-38号已驶至面向月光的一侧,运输船的黑色船体在月光衬托之下格外清晰,只有小护卫舰"蓝铃"号挡在它和船队之间。潜艇缓缓而行,穿过了警戒线,进入了发射位置。1时左右,随着艇长利勃中校的命令,它射出一串鱼雷,只有一艘装木材的货船被击中,当对方忙于救人时,利勃中校重装了鱼雷,进行第二次齐射。在指挥船"亚述"号船桥上的船队司令麦克南发现了船前方不远的海面上有鱼雷从左向右划出的航迹,发出了灯光信号,命令所有船都右转舵45度。这一次,没有任何船只被击中。船队又恢复了原队形。

18日的白天平静无事,其实更大的灾难正在等待着。U-38号结束攻击之后,马上给潜艇司令部拍了电报,报告了船队的位置、航速和路线。从这份报告看,船队的位置要远在警戒线以北,集结在罗卡尔礁附近的艇群已无法拦截。潜艇司令部决定按U-38指示的位置，对在该海域的其他潜艇下达拦截船队的命令。

接受命令的潜艇中有两艘是由当时最有名的指挥官带领的。U-100艇长约阿希姆·谢普科所击沉的吨位仅次于击沉英国"皇家橡树"号战舰的根特·普里安，U-99的艇长奥托·克莱其默的战绩与谢普科不相上下。他们不甘心在外圈袭击，想进入船队中间杀个痛快。太阳西沉时分，潜艇在船队视界外集结完毕。克莱其默看到行驶在前的U-101的指挥塔上发来了微弱的灯光信号，这是等待已久的消息："发现目标，敌人在左侧。"继之出现的是一艘军舰的桅杆，接着是林立的商船桅杆。

船队丝毫没有发觉已进入了敌潜艇的伏击场。行驶在最前方的"雷斯"号不停地以之字形航行，为船队开辟安全通路。"蓝铃号"在右侧，黄昏时分，"弗韦"号受命在船队后方5英里的范围内进行扫荡，以使船队摆脱跟踪者，然后再回到左侧。当夜幕降临时，船队司令官下令航向向右偏转40度。他估计附近的敌艇无法在黑暗中看清这一变化，一定会被甩掉。

然而厄运已经注定。8时15分，当"弗韦"号尚未复位，传来了第一声鱼雷的爆炸，瑞典船"康瓦拉利亚"号被击中，这是左侧第二纵队的第二艘船。"雷斯"号急忙驰援，与赶来的"弗韦"号一起救护落水者，并对左侧的水域进行了大范围搜索，仍是一无所获。当它们继续搜寻时，船队失去保护，狼群逼近，10时过后不久，传来一连串爆炸声。

U-99号潜艇指挥官克莱其默在航海日志里如此描述当时的景象："10月18日9时24分，与U-123艇在目视距离内交换了识别信号，我艇领先，以便在发现敌驱逐舰时能及时折回。敌舰不停地发射照明弹……10时2分，能见度中等，月光明亮，用方位仪从艇首发射管发射了鱼雷，未击中。10时6分，用尾部发射管在700米的距离进行了第二次射击，一艘大约6500吨的船被击中，不到20秒就沉没了，我艇现在闯入敌船队之中……10时30分，再次用方位仪发射，因角度计算错误未击中，我因而决定不再使用方位仪，它尚未经鱼雷试验部门检测和认可。我艇不久就被一艘敌舰发现，它发射出一枚白色照明弹，并全速向我艇驶来。我艇关闭了发动机，敌舰转向返回船队……11时30分，向一艘大货船发射鱼雷，那艘船朝我艇转向，未击中，但鱼雷在约1740米的距离上击中了另一艘更大的货船。这只7000吨货船的前桅下部中弹，船首迅即没入水中。11时55分，又在750米的距离对一只6000吨的船发射鱼雷，也是前桅下部中弹，在鱼雷爆炸后，马上又有一声巨响，船首至舰桥都升起浓烟，大约有200米之高，船首显然被炸碎，残骸燃起了绿色火苗……10月19日0时15分，三艘驱逐舰赶来援救，而且并排搜索附近水域，我艇以全速再次接近船队，其他潜艇发射出的鱼雷的爆炸声不断传来。驱逐舰来回忙碌，但无能为力。我艇又从船队后部发动进攻……"

克莱其默在午夜又击沉了三艘船，凌晨4时，克莱其默射出最后一枚鱼雷，命中一艘船，但未将其击沉，克莱其默浮出水面，准备观察一番，待其自行沉没，否则用火炮将之打沉。这时U-123艇不待它动手，向该船开火，四散崩飞的船体碎片纷纷溅落在U-99附近，迫使它离去。

对船队来说，这是个灾难之夜，一艘艘商船被击沉或燃起大火，海面上的鱼雷航迹纵横交错，幸存的船只不停地左右规避。时刻都有相撞的危险，各船不得不拉大相互间的距离，逐渐地，队形和秩序都瓦解了。天亮时，船队已经支离破碎，海面上烟灰弥漫，散布着无数救生艇。反潜任务频频因救援落水者而被迫中断，至此连敌艇的踪迹都没有发现。

只是在这一时刻，第一艘潜水艇闯入了"雷斯"号的视野，它正在船队前方，向同一方向行驶，阿伦舰长立即下令全速前进，发射照明弹，同时召唤姐妹舰"蓝铃"号前来协助。由于水兵不能熟练地使用探潜器，让潜艇溜掉了。这时海面上有多艘即将沉没的船只和不少漂流者需要搭救，护卫舰丧失了战机。

次日，潜艇群再次追上船队，残存的船只对结队航行的安全性和护卫舰的效能不再抱有任何信心，纷纷散开，各奔前程。至此，34艘船中有20艘被击沉，2艘被击伤。

10月18日，正在风大浪急的北海波涛中颠簸的U-47号艇不时发出电报，向司令部报告气象变化情况，艇长普里安从被浪花飞沫弄得模糊的潜望镜中搜索着昏暗的海面。这时一片船桅如同树林一般缓缓从水天交接之处升起，这是快速船队HX-79。它由49艘商船组成，在SC-7船队驶出后不几天，也离开加拿大的哈利法克斯，10月18日，它距SC-7有两天路程，正驶近北海海峡。它的护航队是两艘不具反潜能力的商船护卫舰。

当时U-47号的鱼雷已经用光，受司令部之命担任气象监测船，出现这一新情况之后，U-47号艇接到命令，负责统一指挥附近所有潜艇。普里安不知道，就在这一天，一支规模可观的护航舰队也正在急速前来接应HX-79号船队。

这支护航队由旗舰"白屋"号上的皇家海军 A. B. 罗素上校指挥，其成员有：扫雷船"雅森"号、护卫舰"西比斯科"号、"希里奥特卢"号、"科莱奥斯"号、"阿拉伯人"号以及驱逐舰"坚忍"号和三艘武装渔船。从数量上来说，是一支庞大的队伍，但在作战效能方面可说是乌合之众。舰只都是临时召集的，有的甚至刚刚从船坞下水，人员训练水平低，而且所有指挥官都未曾见过面，更谈不上进行讨论和制订一个统一的护航计划了。

"坚忍号"舰长 T. 库珀上校事后回忆说："这是我头一次在潜艇出没的海上担任护航，我既不知道这次护航的细节，也不清楚其要点，我从未同其他船上的指挥官见过面。我们之间也从未就反潜交换过意见。"罗素上校以往只是在英吉利海峡和英国东海岸执行过任务。他的船因改装等原因很久没有出海，不熟悉已经变化了的情况和德国潜艇的水面攻击新战术。后来他承认，"对付这种新的进攻方式，我们缺乏起码的配合与合作。'坚忍'号的作用，只不过是在六周时间里救出 720 名落水者。"

10 月 19 日晚，由 49 艘船只组成的 HX-79 船队以 8.2 节时速驶近敌人的陷阱。这是个黑沉沉的夜晚，月亮还未升起，能见度约半海里。敌艇的攻击是在 9 时 20 分开始的。右侧的 2 艘船被鱼雷击中，护航舰只乱作一团，各自为战，在左侧的"白屋"号从船队前方绕行到右侧，独自搜索了右侧海域，又和"阿拉伯人"号搜索了船队的后方，然后与"雅森"号会合，抢救 2 艘仍漂浮着的受伤船只。1 时 15 分，又传来两声沉闷的爆炸，另一个方队中燃起了熊熊大火，1 艘油船爆炸，该船是数日前中弹的，一直在燃烧，现在又中弹爆炸。船队受伤船只很多，蹒跚而行，速度越来越慢。这时，月亮已升起，能见度提高到 5 海里。"白屋"号和"坚忍"号疯狂地往返奔驰，搜寻潜艇，而丝毫没有发现敌人的影子，只好返回沉船现场救助落水者。此后有很长一段时间，"白屋"号在船队尾部往返巡逻，保证了两三个小时的平安无事。

4 时 20 分，船队左侧尾部传来一声巨响，一艘货船顷刻下沉，罗素又赶赴现场。约 5 时，"雅森"号收到了求救信号，它是货船"洛赫罗蒙"号发来的，该船已被击伤，部分船员被救走，现正被一艘潜艇追击。"雅森"号立即驰援，然而为时已晚，天空中出现了一枚白色火箭信号弹，表示一切都已太迟，"洛赫罗蒙"号在救援船只赶到之前数分钟中鱼雷沉没。拂晓前，潜艇将所有鱼雷都射光，攻击方告一段落。共有 12 艘船被击沉，2 艘被击伤。损伤率达 1/4。然而，这比 SC-7 船队的遭遇要好多了，后者的损伤率高达 59%。

英国海军根据这两次作战的教训采取了以下措施：

第一，增加了反潜舰只的数量。将大批原拟用于防守英国本土和专门四处搜索敌艇的驱逐舰编入护航队，战果马上显示出来，于 1940 年 11 月以前击毁敌潜艇 3 艘。1940 年 9 月，丘吉尔成功地说服美国提供 50 艘驱逐舰，这一援助在大西洋之战最为危急的时刻送到了英国手中。

第二，研制了多种先进的技术装备。美国提供的驱逐舰均为老式的已封存的军舰，其火炮和机械较陈旧，其中不少原来就存在故障，它的设计也不利于反潜战：行动不灵活。转变如同战列舰一样笨拙，舰桥太矮，视野有限，影响了航行和瞭望，玻璃窗常被海浪击碎，还需要安装潜艇探测器。刚刚投入使用的雷达当时仅是一种空袭预警装置，1940 年将之改造为机载雷达，供海岸巡逻之用，这种粗糙的雷达对反潜几乎毫无用处。1941年，研制出有效的机载和舰载雷达。另一项发明是通讯方面的，当时舰与舰之间的通讯联络采用无线电报，发报内容须先译成电码，比较费时，每一波长都要有一个经过充分训练的报务员，这在当时无法做到，狭小的护卫舰上也没有可供他们工作的空间。采用无线电话，不但使得军舰上各部门之间的联络变得非常简便，也使得舰舰之间和舰机之间的密切协同成为可能。但是使用时必须小心，以免被敌人监听。至美国参战，护航队统一配备了美国产的超高频无线电话机，改善了通讯联络。

第三，护航舰的协同作战能力提高了。这在对付敌人已经高度发展的多艇协同战术方面非常重要。盟国反潜战术的一个疏漏就是从未考虑在白天防止敌艇集结，这使得敌艇在顺利完成集结后，能于晚间发动"狼群攻击"。

第四，海军情报部门得到了加强。潜艇狼群战术的一个致命之处就是必须事先进行频繁的无线电联络，从而暴露其位置和意图。发现船队的那艘潜艇必须用无线电通知司令部，并继续跟踪和随时报告任何有关变化。有时潜艇甚至要报告自己的位置以及执行命令时的各种困难，所有这些内容都是用高频无线电传送的，而英国设在不同地点的测向站就可依此确定发报艇的大致位置。测向分析结果上交海军部潜艇追踪室。这个指挥反潜的专门机构是英国海军部作战中心，1940年初成立的，它对汇集来的所有关于潜艇的情报进行集中处理，经综合分析，确定敌艇在大西洋上的位置和部署，画出其分布图，判断其企图，提出警报，使船队及时改变航向和航行时间，避开敌艇设伏海域。潜艇跟踪室还负责全面协调活动。1941

年因破译了敌潜艇使用的密码，情报越来越准确，往往能提前通知船队改变航向，潜艇常常不是碰上对头便是扑了空。1943年，英海军破译部门平均每天使用6000人破译出2000条德国海军潜艇的密码信号。

另外，在1941年底之前，每个德国潜艇群拥有潜艇不超过6艘。这一原因以及北海经常出现的风暴和大雾，使在这一带漂泊的潜艇难于发现和跟踪船队，也无法有效地组织起来进行"狼群"攻击。盟国将船队的航线北移，靠近了冰岛，绕过了横亘在北大西洋上的德国潜艇搜索线。潜艇袭船活动暂时中断，但这没有带来太平，德国水面舰只和第40航空大队填补了袭船战的空白。雷德尔海军元帅对水面舰只袭船寄予厚望，可是"俾斯麦"号的沉没粉碎了这一期望。英国航空力量的改进和航空母舰实力的增强，使德国本已经处于绝对劣势的水面舰队更加无能为力了。潜艇重又成为德国在大西洋之战中的顶梁柱。

1941年初，随着潜艇建造速度加快，邓尼茨可指挥的潜艇已达100艘，因为要为这些潜艇和今后拟建造的230艘潜艇培训新艇员，能在第一线作战的仅有30艘。邓尼茨估计，若按过去的战绩，这个数字已是足够了。由于在年初的两个月中潜艇没有遭受任何损失，新艇不断下水，春季来到时，德国已拥有足够的力量展开新一轮袭船战。

与此针锋相对，盟国进行了准备，护航驱逐舰的船桅上架设了如放大了的床垫弹簧一样的部件，这就是开战18个月后为海军小型舰只研制的雷达的天线，它不能旋转，接收的信号不精确，所发现目标的方向和距离都要凭经验判断，何况操作员还没有获得什么经验。这种原始的雷达最初不是用于侦察，而是为了使船队中的各船在暗夜中保持队形，后来改用于探寻浮出水面的潜艇。用它发现目标的机会微乎其微，更多地要结合目视。在等待改进型雷达的同时，更为急迫的是需要一种更好的照明弹，以便在使用时不致让观测手感到目眩，最后采用一种称为"雪花"的火箭照明弹解决了这个问题，它可发射到半空，效果极佳。在飞机上也开始装雷达，侦察机可昼夜出动。在这一年，盟国深水炸弹的效率也有了很大提高。战争刚开始时，盟军一直在炸弹的大小和飞机的投弹高度上尝试改进，一年无进展，以后通过运筹学的计算，发现当时将爆炸深度定得过深，定在了46米，而飞机只能够在潜艇处于水面时或刚刚下潜时发现目标，在这一深度，炸弹的威力也更大。此后，皇家空军根据运筹学者的意见，将爆炸深度定在6到7.6米之间，作战效果提高了七倍。

不久，德国发现了盟国船队航线北移，1941年3月1日，德潜艇把搜索范围扩大到冰岛以南。邓尼茨投入了他最杰出的三名潜艇指挥官，他没有想到，这是他们最后一次出征了。

3月8日，普里安一马当先，咬住了一支开往美洲的船队，为了稳妥，他呼叫老搭档U-99艇的奥托·克莱其默和U-70艇的马茨以及附近其他潜艇。偶然飞过的桑德兰飞艇一度迫使正在集结的潜艇群下潜，这些飞艇没有必要的武器，只是给敌潜的跟踪和集结造成不便罢了。在天逐渐黑下来的时候，普里安逼近目标。鱼雷的爆炸声传来，而敌人的照明弹又为潜艇指示了目标，一切似乎还算顺利。

但这次厄运来临，潜艇群碰上了厉害的对手。不一会，U-A号艇被探测器发现后被深水炸弹炸伤，艇长埃克曼不得不下令脱离战斗，返回母港。U-70艇被小型护卫舰"亚美利亚"号和"阿布图斯"号追击，艇体严重破损进水，马茨艇长让潜艇浮出水面，将潜艇自沉后率部下投降。克莱其默的U-99艇只射出预定发射的半数鱼雷，就被护卫舰逼入水中。盟国船队被击沉击伤各两艘船，受损失较轻微。种种迹象，均非吉兆。

普里安的任务是继续跟踪，他大胆地紧随船队，由J. M. 罗兰指挥的"黑獾"号驱逐舰突然从暴雨的掩护中扑上来，普里安紧急下潜，深水炸弹的爆炸震撼着艇身，螺旋桨叶受损，发出了艇员提心吊胆的扎扎声，这噪音为敌人的驱逐舰指示了潜艇的位置。黑夜降临后，U-47号浮出水面，而"黑獾"号靠声呐指引紧追不舍，一口气进行了五个小时的追击，几乎用尽了所有深水炸弹，普里安再次下潜后，终未躲过深水炸弹，艇身破裂。"黑獾"号的声呐兵收到了一阵强烈的水下爆炸声，水面上又漂起一大摊油迹和破碎的木片、布片……

邓尼茨在悼词中写道："斯卡帕湾的英雄进行了他最后一次巡航，潜艇部队沉痛地悼念他和他的部下，并致以深切的敬意……"这天晚上，残存的潜艇受命报告自己的位置，U-47和U-70没有回音，因时间紧迫，已无法寻找它们的下落。

3月12日晚，又有报告传来，在冰岛以南有50艘满载货物的货船和油船正朝英国驶去，这是英国的HX-112号船队，由5艘驱逐舰和2艘护卫舰保护。"狼群"又集结起来，U-110号艇的艇长兰普任指挥官，他已是袭船老手，1939年9月3日击沉邮船"雅典娜"号，打响了这次世界大战中潜艇战的第一枪。归他指挥的另外两艘潜艇是克莱其默的U-99艇和谢普科的U-100艇，两人均为袭船战英雄，一直在争夺吨位战的冠军。但是这天晚上，他们没料到敌手非等闲之辈，5艘驱逐舰和2艘护卫舰，以高速在船队周围巡航，使得潜艇几乎无隙可乘。

3月15日晚，潜艇才在警戒圈之外迟迟发动第一次攻击，这晚只击沉一艘船。次日白天，船队指挥官没发现任何狼群的痕迹。太阳西沉时分，监视哨看到水天相接处露出了一座潜艇的指挥塔，它是U-100号艇。3艘驱逐舰猛扑上去，想至少迫其下沉，以便让船队在即将降临的夜幕中改变航向，甩掉尾随者。它们脱离船队搜索了两小时，这便给了敌人可乘之机。克莱其默指挥U-99艇无声无息地闯入了防御圈，传来一连串鱼雷命中目标的爆炸声及继之而来的火箭照明弹的啸声，它击沉了5艘船。

甩掉护卫舰的追击后，谢普科急于争功，再次指挥U-100号艇在水面高速扑向船队，它在海面上留下清晰的航迹，被护航队旗舰"沃尔科"号驱逐舰的监视哨望见，驱逐舰直冲上来。U-100号艇以紧急下潜躲开了驱逐舰的冲撞，"沃尔科"号和"瓦努克"号紧追不舍，终以深水炸弹将其击伤并迫其浮出水面，"瓦努克"号全速扑向敌艇，以锋锐的舰艏将它撞成两段。谢普科身亡，由于轻敌和疏忽，又一位"潜艇英雄"随普里安而去了。

这时，U-99号艇已将鱼雷发射光，克莱其默心满意足地离开了指挥塔，到下面舱里去休息。改由一名下级军官接替指挥，在船队后的海面上调整航向准备返回基地，突然间，眼前出现了2艘驱逐舰的黑色轮廓，这是"瓦努克"号在打捞U-100号的一些幸存者，"沃尔科"号在一旁担任警戒，U-99号本可在水面上悄悄溜走，

1943年3月12日德国头号王牌潜艇U–99号被击伤，艇长克莱其默被俘

但是这名临时担任指挥的军官惊慌失措，进行紧急下潜，"沃尔科"号上的声呐兵马上发现附近有潜艇，并立即准确地投下了深水炸弹。U-99的机械失灵，船体受重创，克莱其默这位荣获橡叶、宝剑、骑士三种殊勋的名将无法逃脱，只得浮出水面率部投降。由于受伤过重，不久U-99号艇也就随着它的无数牺牲者（共击沉商船44艘，计266629吨）沉到大西洋底去了。

在十天内损失了4艘久经沙场的潜艇和3名最优秀的指挥官，使邓尼茨陷入沉思。一时弄不清失手的原因，他猜测，1941年上半年潜艇作战的不利，是因为英国侦察手段的改进，他知道英国在北大西洋沿岸设立了一些测向站，能够发现敌艇大致位置，可认为这并不是主要原因，并怀疑密码被破译。邓尼茨为限制潜艇发报作了严格的规定：只有当内容仅具战术意义、为总部所询问，以及潜艇位置已经暴露的情况下，才许使用无线电。这类规定影响了通讯，破坏了艇群集中指挥的基础，妨碍了他所倡导的狼群战术。

他的另一项决定，是将战场从冰岛以南的海域向西南转移，超过以英国为基地的护航舰不加油可抵达的极限。这一转移马上收效，潜艇群在格陵兰东南伏击了开往英国的SC-26号船队，在它与来迎接的护航舰只会合前，打沉了22艘货船中的10艘。英国海军部为此在冰岛增设护航舰队，从以本土为基地的护航队手中分担了冰岛以南至西经35度的护航任务，护航范围向西延长了一大段。随着形势的发展，潜艇的战场也随之向大洋西部延伸。

邓尼茨的以上措施迫使盟国方面进行相应调整。由于原来的有限护航尚不能保证安全，实行全程护航的困难就更多。在众多的英国驱逐舰中，没有一艘能伴随商船驶过纽芬兰，皇家海军在和平时期不注重海上加油训练,在战争爆发后三年才获得较好的设备和经验。此外,要加强航线西段的防御,要有足够的舰只派驻加拿大和纽芬兰。战争爆发时,皇家加拿大海军还仅仅是一支象征性的部队,全部兵力是7艘驱逐舰和5艘扫雷舰,难于承担这项任务。

1941年5月,北大西洋盟国运输线分为三段的全程护航体系基本组成:加拿大海军经过不断扩充,投入使用,以纽芬兰的圣约翰为基地,组成纽芬兰护航队,分担加拿大至西经35度之间的护航,35度以东至西经18度由以冰岛为基地的护航队接管。18度以东,由本土舰队接替。另向冰岛派驻了一中队的双引擎轰炸机和一中队的桑德兰飞艇,使在西部海域活动的德国潜艇在白天不敢随意浮出水面。潜艇又重返冰岛南部海域,5月份伏击了OB318号船队,击沉9艘,击伤2艘,唯一的损失是兰普指挥的U-110号潜艇,它被2艘驱逐舰和1艘护卫舰追击,被深水炸弹击中后浮出水面,英国从该艇上获取了重要文件,被俘的U-110号在拖往英国港口途中沉没。这时,潜艇虽然仍能够时而在航线西端偶尔出现的薄弱环节上取得一定战果,但已今非昔比了。

德国潜艇战在北大西洋海域已经不再有利可图,潜艇战的"好时光"暂告一段落。上述袭击之后一周,潜艇在平安角(位于格陵兰岛南端)东南350海里处等候了好几天,一无所获。

横穿大西洋的盟国运输航线不断偏向南或偏向北,上下波动以避开敌艇活跃海域,护航线也不断向西延长;德国潜艇的活动也有相应变化,横亘在航道上的搜索线不断向北延伸,潜艇群的作战区域持续向西推移,构成了这一时期北大西洋战场的主要景象。这一相互较量一直进行到护航线延长至美国宣布的安全区——美洲领海为止。此时的作战条件已不同于开战初期，船队不再于公海上解散，潜艇发现单独的商船的机会越来越少了。1941年7月份，德国投入北大西洋战场的潜艇数量是年初的3至4倍，而战果持续下降。

除了北大西洋这个主战场外，1940年冬季，德国已将潜艇活动区域扩展到西非沿岸，在塞拉利昂的弗里敦至英国本土的航线上不时发现潜艇的踪迹。弗里敦是从远东开往英国船只的集结地，12月，在该港有4艘船被击沉，同时期还有5艘在葡萄牙沿海沉没。英国海军不得不分出一部分舰只来保护大西洋中部的运输线。德国潜艇在北大西洋中部和西非海岸获得了可观的战果，至1941年夏季，投入的8艘潜艇击沉了81艘船，但这一伏击场离本土太远，往返费时，且难补给，运用潜艇不经济。

潜艇加油补给问题还引起外交纠纷：德国在1939年9月战争刚刚爆发时，经西班牙政府的默许，向西非沿岸距西班牙属撒哈拉不远的加那利群岛的拉斯帕尔马斯派遣了两艘潜水油船："加洛特·施利曼"号和"克林特斯"号，潜艇晚间驶来加油，拂晓前离去。英国政府对此提出了强烈抗议，迫使西班牙取消了对德国的这项许诺。德国其他的潜艇供应船驻泊在大西洋中部，主要供袭船的水面舰只使用，有时也为潜艇加油。1941年5月，第一艘专供潜艇使用的供应舰"埃格兰德"号派赴该海域。它载有大量燃料和鱼雷，不久被英国巡洋舰"伦敦"号拦截和击沉。至1941年6月，德国共派出6艘供应舰，均相继被搜捕击沉，在大西洋中部和西非沿海潜艇的远洋作战变得日益困难。

由于向西和向南扩大作战区域的努力失败，只有强攻有护航力量的船队，硬碰硬地突破船队的防御，才可能取得战果，邓尼茨改变了以往尽可能让潜艇避免与护航舰只交锋的做法,重新采用攻击护航队的战术,这样,就无须选择远离本土的战场。根据这一指导思想,1941年7月份以后,他将所有潜艇都集中在英伦三岛的西部和西南部,这里距德国本土港口仅数百海里,可以方便地进行补给和频繁地出击,还可得到空军的支援。邓尼茨期望进行这一调整后,潜艇能在康多尔远程轰炸机的配合下,争取大西洋战局出现转机。

邓尼茨将潜艇战场东移的另一原因也与外交有关,即不愿与美国船只发生摩擦。1941年3月,美国把"安全区"延伸至西经26度,由美国大西洋舰队巡逻和护航,美国海岸巡逻队的75艘大型舰只参加了远洋护航,还以一批小型舰只和飞机承担了本土大西洋岸的护航,德国潜艇与美舰发生摩擦的机会大为增加。为避免误击,希特勒曾下令限制潜艇攻击重型水面舰只。7月,美军进驻冰岛,接着宣布承担从北美至冰岛的护航,任何国家的船只都可加入受美舰保护的船队。美国加入盟国方面作战的企图越来越明显。为了不使美国过早参战,重蹈一战覆辙,德国潜艇避免攻击美舰,并暂时放弃了在北大西洋西部的活动。

在美国的积极援助下,护航舰只急剧增加,战术有了改进。护航时,采取两重防御,使得潜艇难于靠近船队。商船处于鱼雷射程之外,难以命中。因大西洋上美舰增多和活动频繁,避免与美发生冲突的目的也未实现。9月4日,美国和德国的军舰之间发生了首次交火事件,独自驶往冰岛的美国驱逐舰"格瑞尔"号半途收到附近一架英国巡逻机的报告:"前方10海里处有一艘德国潜艇。""格瑞尔"号立即采用曲折航线驶向所指示的方位,抵达后减慢速度以声呐搜索,不久就发现了潜艇,对它跟踪3小时,但没有进行攻击。

英国飞机再次以信号询问"格瑞尔"号是否攻击,回答是"不"。该飞机匆匆投掷了深水炸弹就离去了,潜艇指挥官误认为是遭到美国驱逐舰的攻击,对"格瑞尔"号发射了鱼雷,驱逐舰躲过了鱼雷,以深水炸弹回敬。德潜艇再次用鱼雷回击。这次交火中,双方均未受损失,"格瑞尔"号摆脱潜艇后,继续驶向冰岛。罗斯福总统指责德国潜艇的做法是"海盗行为",几天后,他宣布,"从现在起,如果德国和意大利的舰只进入这片水域,它们将自食其恶果",美舰获准在与潜艇遭遇时可先发制人。

在北美至冰岛护航的美舰得到命令,规定要尽量避免与德舰的冲突,但必须报告所发现的任何有敌对行动的舰船的位置。美海军学院的学生提前五个月毕业,海军新兵训练中心将每月受训者的人数增加到5000名。

1941年10月,美驱逐舰"卡尼"号在北大西洋护航途中被德国潜艇的鱼雷命中,有11人丧生。同月31日,美国另一艘驱逐舰"鲁本·詹姆斯"号也中了鱼雷,弹药库被引爆,舰身被炸成两段,死亡100余人。

珍珠港事件发生后的第4天,1941年12月11日,德国对美国宣战,对德国来说,这只不过是对两国间一年多来就已经存在的敌对状态的正式承认。1942年初,邓尼茨派出5艘远洋潜艇驶向美国大西洋岸袭击商船。1月12日,英国的旧式轮船"赛伊克拉普"号在美国科德角东北300海里处蹒跚而行,船长发现了鱼雷的航迹,未及回避,就被命中沉没。美国当时的护航力量主要用于横渡大西洋的船队,家门口反而出现了漏洞,德潜艇乘虚而入,将活动在这一区域的众多民船当成了随意猎取的活靶子。美国沿海各大城市夜间的辉煌灯火，把进出港口的船只映得清清楚楚，守候在关键航道上的德潜艇可以毫不费力地将其击毁。由于有潜水供应舰的支持，在这一距本土基地遥远的海域德潜艇可以滞留很长时间，将"狩猎"持续数周之久。这种潜水供应舰也称为"奶牛"，可装载600吨燃料，一次供油能使12艘中型潜艇在海上的作战时间延长4周，可以抵达安的列斯群岛和西非，甚至加勒比地区。

U-87号等6艘德国潜艇从6月11日到7月19日进行了袭船、布雷和炮击，每艇击沉了3至9艘商船。其中有2艘还将特工人员送上了美国海岸。这6艘最初抵达的潜艇中有1艘于7月7日被美国飞机炸沉。中型潜艇开始主要在加拿大海岸活动，作战局限在纽芬兰和哈利法克斯附近，可是这一海域的气候条件不好，英国护航力量较强，无利可图。这些潜艇逐渐找到了增加携油量和以经济航速来延长航程的办法。它们的活动区域逐步沿美洲海岸南移，2月份延伸至纽约海岸，4月份到了佛罗里达。1942年1月份击沉30艘盟国船只，2月份达到71艘。

美国海军为了在最短时间内改变这一局面，将护卫舰和护航航空母舰的建造放在首位，作为权宜之计，以各种小型船只临时拼凑了一支反潜力量，美海防部队向陆军购买了一批飞艇和飞机，以加强空中巡逻力量，所以在1942年夏季，美大西洋沿岸的形势就出现了转机，空中和海上的巡逻警戒日益严密，各大海港城市实行灯火管制，关闭了灯塔，对船只之间的无线电通话严加控制，将分散航行的船只组成有护航的船队，对通往港口的必经航道实行昼夜监视，于5月中旬控制住了局势。

邓尼茨及时做出了反应，他开始将大型潜艇逐渐调往南美洲的大西洋沿岸，主要是墨西哥湾和加勒比海，5月份在墨西哥湾的战绩是击沉41艘船，总计22万吨，使加勒比的海面都浮着一层油污。5月28日，巴西飞机袭击了德国潜艇，德国海军要求对巴西宣战，邓尼茨已按希特勒的意图制订了作战计划，即在8月份，以10艘潜艇突袭桑托斯、里约热内卢、巴伊亚和累西腓等港口，摧毁船只和布雷。这项计划因德国外交部的坚决反对而被搁置。至7月份，巴西飞机又袭击了德潜艇，巴西开始武装其商船，希特勒终于下令出击，U-507艇在巴西沿海击沉了6艘盟国商船。这一事件导致巴西政府于8月28日向德国正式宣战。

开辟美洲沿岸战场，使德国一时尝到了甜头，但也造成兵力分散，将相当数量的潜艇吸引到大西洋西南部的加勒比海和南美沿海，在这些海域活动的潜艇一度增至30多艘。德国海军不能如以往那样全力以赴地进行北大西洋袭船战，盟国间最重要的海上联系没有削弱，反而加强了。

邓尼茨因在美国和南美沿岸取得成功，决定把一部分潜艇转移到非洲西部海岸，在南非开普敦附近英国商船密集的航道上再开辟一个新的猎场。8月中旬，哈腾斯泰因中校的U-156号艇指挥的4艘潜艇和1艘潜水供应舰从法国洛里昂出发，驶往目的地，为使这次作战行动具有突然性，这支艇群受命在驶过弗里敦后，除非是很重要的目标，不得击沉发现的船只，在进入赤道以南300海里后，不许攻击任何船只。但是9月12日，该艇群在大西洋中部阿森松群岛望见了一艘大型客轮，确认为部队运输船，立即施放鱼雷进攻。这艘船是英国老式客轮"莱肯尼亚"号，船上载有900多名英国平民和1800名在北非俘获的意大利战俘。"莱肯尼亚"号中部中弹进水，人员纷纷落水，哈腾斯泰因急电邓尼茨请求指示，获准救援，并以英文明码发出求救电报，指示了出事地点的具体位置。而艇群中的其他潜艇仍按原计划赴开普敦。德政府要求法国维希政权从达喀尔派船救援。英政府闻讯后立即从加纳派出了商船和辅助巡洋舰各一艘开赴现场，2艘德国潜艇和1艘意大利潜艇也闻风而动。英德法意各方为了抢救平民和战俘而把战争暂时放在了一边。

美国驻阿森松的一个空军中队起飞了数架轰炸机为英船护航，因不了解德国潜艇也正在进行救援，美机对在水面航行并搭载和拖曳着许多落水者的德艇扫射投弹，炸伤了一艘。邓尼茨下令，禁止搭救被击沉舰船的幸存者，这就是有名的"莱肯尼亚命令"。法国的3艘军舰驶抵现场，接走了1000多名幸存者，英国乘客有约100人丧生，而意大利战俘中仅有四分之一的人生还。这一事件被称作"莱肯尼亚事件"。

德国潜艇在英国附近海域的攻势因盟国航线在这一地区受到强大的海空军力量保护，没有取得预料中的效果，在北大西洋中部，盟国船队为获取在冰岛的海空军保护，都把航线移至高纬度海域，也难有隙可乘。冰岛以西航段的防御虽然有了增强，相比之下，显得较为薄弱，而且这段航线在德潜艇作战区域转移后一度比较安全，盟军放松了警戒。1941年秋季，邓尼茨再次将潜艇主力派往格陵兰以西海域，寻找盟国航线上飞机、护航舰只最少的航段，17艘德国潜艇在冰岛和格陵兰之间搜索船队的行踪。9月9日，其中一艘发出了信号：一支防御薄弱、规模庞大的船队正在驶来。分散在这一广阔海域的潜艇立即向目标集中，这样诱人的猎物它们已有一年没有看到过了。

这是盟国SC-42号船队，8月30日从澳大利亚的悉尼开出，经加拿大的布里敦角，驶入格陵兰以东的这片浪涛汹涌的海区。65艘船组成12个纵队，由加拿大皇家海军的1艘驱逐舰和3艘护卫舰担任护航，驱逐舰"斯基纳"号舰长J. C. 希巴尔德任反潜指挥官。当时生产护航舰只的速度超过了水手的培训速度，驾驶这些舰只的都是后备役人员和新征召的水手，所以战斗力较差。9月2日，途经纽芬兰的圣约翰港时，另外5艘货船加入这一队伍。

向冰岛开进的前四天，东面吹来的阵风和汹涌的浪涛使船队的时速无法保持预定的7.5海里。9月5日风大浪急，船队停驶两天，直到7日才重新缓缓开动，希巴尔德非常欣慰，分布在广阔海面上的船队仍完好无损，他重新测定了一下船的具体位置，吃惊地发觉，在过去四天中，不过行驶了很短距离。他要晚72小时方可抵达与英国护航舰只预定的会合地点，这意味着在以后三天，船队将处于危险之中。

就在这一时刻，英国海军部的潜艇追踪室正紧张忙碌着，监听员截获了从众多潜艇上发出的电报，从其方位和破译出的部分电文，可以看出，一支规模较大的潜艇群正横亘在船队开往与英国护航舰只会合点的中途。9月8日黄昏，船队收到了改变航向的命令，新航线的纬度更高，已靠近格陵兰沿岸，海军部指望这一规避行动能绕过敌艇的搜索线。

次日凌晨，在船后蹒跚而行的"杰德摩尔"号货船发出了第一个警报："浪涛中有潜望镜划出的航迹。两枚鱼雷从船头不远处破浪掠过。"护卫舰飞速驶赴出事地点，用声呐搜索了45分钟，虽无收获，但阻滞了潜艇的跟踪。潜艇群被甩在船队的后面，为重新发动攻击，指挥艇下令从船队侧翼视界之外绕一个大圈子，重新进入鱼雷发射位置。半夜时分，第一发鱼雷命中目标，一艘满载铁矿石的货船瞬间便沉没了，"斯基纳"号驱逐舰借助照明弹看到了两艘潜艇的指挥塔，因声呐兵缺乏经验和在前几天的风暴中耗费了过多燃料，追赶不及。"斯基纳"号尽力护卫散布在宽6英里长3英里海面的所有船只，不一会，船队中又响起了爆炸声，敌艇在零乱的照明弹和重机枪弹道的指引下闯入船队第七第八纵队之间，船队按照指挥官的命令一起左转舵45度，"斯基纳"号在众多船只黑色的身影中觅路疾驶，搜索敌艇。

不一会，连续3艘船被鱼雷命中，其中1艘就在"斯基纳"号右侧爆炸起火。从几艘船上射出的机枪枪弹的弹道为希巴尔德指示了潜艇的位置，当"斯基纳"号驱逐舰破浪从第七纵队中的1艘船的船尾绕过时，终于看到了敌人，那艘潜艇的指挥塔就在眼前不远浮动着。"斯基纳"号急剧加速，马达发出呼啸声，舰桥剧烈地抖动，朝潜艇直撞过去。潜艇已发现了这个猛扑过来的怪物，紧急下潜，消失在涌起的旋涡中，周围船只发动机的杂乱声波和航迹使"斯基纳"号的声呐无法分辨，失去了目标。当商船驶出危险区后，"斯基纳"号投下深水炸弹。为了不让驶远的商船失去保护，希巴尔德命令1艘护卫舰打捞落水者，又赶上了船队，他发现另2艘护卫舰不见踪影，估计正在与其他敌艇周旋，他猜测这次至少遇到3艘敌艇。

希巴尔德没有料到，这支行动迟缓防御薄弱的船队已经被17艘潜艇紧紧咬住。当敌人潜艇数量不多时，护航队指挥官可下令船队散开，以便减少损失。而在今天的情况下，如稍为不慎地采取这一方案，就会带来灾难性后果，大部分商船会被接踵而来的众多敌艇一一击沉。希巴尔德慎重地控制着局面。

9月10日大约凌晨5时，被击退的潜艇再次抓住了船队，两声巨响之后，又有2艘船燃起大火，船队总指挥麦肯锡海军少将下令所有船只左转舵，躲避从远处暗中接连射来的鱼雷，但是又有数艘商船中弹，用火箭射向天空的求救信号四处闪动着，让护卫舰不知所措。它们不知先去救哪一艘为好，而且也无法去追踪那些就在近旁的敌艇，船队的速度越来越慢，防御越来越无力。3艘护卫舰中2艘在打捞落水者，其中1艘试着将快要沉没的油船拖往最近的港口，只有"斯基纳"号还有行动的自由。黎明时分，船队疲惫不堪，航速降至5海里，"斯基纳"号作为先导，剩余的两艘护卫舰殿后，在这一整天，"斯基纳"号在船队前后左右奔忙，如保护羊群的牧羊犬一样，不住地驱赶着紧逼上来的潜艇，商船上的重机枪也时而向远处浮出水面的潜望镜射击。

白天的海面较平安，船队的航速升至6海里，希巴尔德望眼欲穿地期待着两艘路过这里的加拿大护卫舰能在午夜前与他会合，以免遭再次劫难，可是到夜幕降临，都未见到它们的影子，午夜刚过，熟悉的爆炸声再次响起，当所有船只一齐进行规避动作时，在第八纵队中闪出了潜艇的指挥塔，敌艇已经变得非常大胆，多半不是在外围从远距离开火，而是闯到船队中间抵近射击，两小时中竟在船队中间发现3艘潜艇，它们在近距离内又将数艘船送到海底。护卫舰已拼搏了数日，疲于奔命，无力再进行有效的反潜。商船不得不挣扎着自我防卫。11日凌晨两点一刻，商船队指挥船上的监视哨看到就在前方约500码处的黑暗中隐隐浮动着潜艇特有的低矮的侧影。

因为离得过近,船上仅有的一门4英寸口径大炮立即俯射。潜艇趁机下潜溜走了。从船上接着投下了10枚深水炸弹。正在燃烧着的船只和飘荡在半空中的信号弹照亮了暗夜笼罩下的海面,浪涛中时而浮动着救生艇和木筏。又是一个出生入死的夜晚。

德国潜艇上的官兵都为近两三天的战果兴高采烈,在他们看来,狼群可以肆无忌惮地撕咬这些行动迟缓而肥硕诱人的猎物。一艘潜艇加快速度超越了船队,驶到了船队正前方的航线上,从指挥塔上探出身子的几名军官正以望远镜观察和欣赏着眼前狼狈不堪的敌人船队,并大声交谈着。就在他们出神地欣赏着眼前的战果时,在潜艇的侧后,两艘小型军舰正以16节的航速无声无息地破浪而来。

它们就是船队盼望已久的救星,2艘加拿大的护卫舰。它们刚结束训练。指挥官普林提斯收到英国皇家海军有关敌人潜艇活动的情报,预感到SC-42号船队会遭到截击,要求准许立即驰援,因为这两艘护卫舰的速度远较船队快,而且船队因气候不好和潜艇的纠缠,耽误了好几天的路程,未能及时会合。它们开到了船队前方很远之处,在7、8、9日三天中,边在海上演练边等候船队到达。10日凌晨2时,收到了指挥部的命令:"如仍有足够燃料,驰援正在冰岛附近的SC-42号船队……"子夜时分,两舰已经接近船队,可以看到远方的照明弹此起彼落。不多时,声呐兵报告普林提斯发现潜艇,距离大约700码,不容丝毫迟疑,船舱内响起了刺耳的警报声,两舰都进入攻击位置,连续两次投下了深水炸弹。当再次调整航向时,附近的海面上出现了异样的旋涡,紧接着,潜艇的指挥塔破浪而出,白浪朝四处涌散,U-501号潜艇浮出水面,水淋淋的指挥塔被护卫舰的探照灯照得通明,顷刻间,一发4英寸炮弹穿透了它的钢甲，1艘护卫舰又以高速轰然一声撞击了艇身，待到护卫舰再次靠近时，逃生的艇员挤满了潜艇狭长的甲板，潜艇不久便沉没了。2艘从未参战的教练舰旗开得胜，不过，潜艇的肆虐并未稍减，在普林提斯加入护航前后4小时内，又有5艘船只消失在黑沉沉的浪涛之中。

9月11日天明时分，希巴尔德检查船只数目，已少了15艘。上午，有3艘护卫舰与船队会合，下午，拥有5艘驱逐舰的强大的第21护航队赶到，而且船队已经进入冰岛盟国飞机的航程之内，1架盟国侦察机报告在船队前方15英里处有1艘潜艇，它是U-207艇，马上遭到4艘驱逐舰的围追被击沉。11日的夜晚是船队数日来第一个宁静的夜晚，水手们不再惊惶不安，睡梦不再被警铃打断。他们可以合一合四天来因不断在浪涛中搜寻潜望镜和鱼雷航迹而酸痛红肿的眼睛。14日，又有3艘美国驱逐舰加入护航，而这时美国还未正式参战。战后获得的德方记载证实，在那以后至16日的两天中，仍有5艘德国潜艇跟踪着船队，当16日晚进入英国近海的安全水域之际，一艘殿后的商船中鱼雷沉没，使得全部损失达到16艘。

9月11日以后潜艇未能继续获得战果，除了因航线东段的盟国海空军力量十分强大之外，也因为德国潜艇经持续作战，鱼雷和燃料大都消耗殆尽，其中11艘返回基地，另5艘又重返格陵兰附近海域组成了新的搜索线。截击了SC-44船队，击沉了4艘商船和加拿大护卫舰"列维斯"号。

SC-42船队的遭遇暴露了北大西洋航线上的风险，尽管已经采取了全程护航，航线西段的防御既少且弱，并缺乏空中保护。而这又不是当时盟国的能力可以解决的。这次战斗使邓尼茨确信，在盟

希特勒检阅潜艇部队

国能够弥补西段航线的漏洞之前，应集中主力加强在格陵兰与加拿大之间海域的袭船战。

这一设想被希特勒的计划破坏了，他正在对海军施加压力，要在加勒比海这一他认为对今后战局至关重要的地区展开潜艇战。邓尼茨坚信只要有足够的潜艇继续扼住大西洋航线，就可制伏英国，整个夏季，邓尼茨设法抵制希特勒的干扰，而现在已无法再坚持己见了。在有可能给英国致命打击的时刻，他被剥夺了手中的武器。

1941年11月，邓尼茨的战略受到更为严重的干扰，希特勒为确保北非作战，在这个月的22日下令把所有作战潜艇开往直布罗陀和地中海，邓尼茨在回忆录中写道："德国海军及德国潜艇部队的首要任务，是打击英国横越大西洋至关重要的交通线上的船运，这一任务至高无上。调往地中海的潜艇本来不应那么多，这一做法使我们在大西洋上的潜艇一度消失，所有作战行动停止达七周之久，这是完全荒谬的。"对英国来说，在这七周时间，紧扼在脖颈上的那双强有力的手一下子松开了，终于透了一口气，能够堵塞大西洋航线西段以及西非和直布罗陀附近航线上的漏洞。

对付潜艇战的根本办法，是破坏潜艇基地及其制造业。英美的战略轰炸机对德国潜艇的基地和生产设施，包括岸洞掩体、船坞，甚至生产辅助部件的城市进行了猛烈轰炸。1942年向上述目标投弹11000吨，占总投弹量的20%。1943年，德国潜艇建造业被置于轰炸目标顺序表的首位。例如，1月中旬至2月中旬，对位于法国大西洋岸的洛里昂的德国潜艇基地进行了2000架次的轰炸。这种轰炸的直接效果有限，但无疑减缓了潜艇的建造速度。

七
"俾斯麦"号的沉没

"斯比"号沉没后，德国的大型舰只大约有一年时间没有出海。自1940年10月起，它们又重新活跃起来。

"沙恩霍斯特"号和"格奈泽瑙"号等数艘重型战舰在挪威战役后或在本国港口检修，或被封锁在波罗的海，只有"舍尔"号能四出游荡。1940年10月23日这艘袖珍战列舰在舰长克朗克指挥下，神不知鬼不觉地通过了丹麦海峡，突入大西洋。11月5日，在大西洋中部航途中的HX－84号船队的瞭望哨发现远处有一艘军舰的桅杆缓缓从地平线升起，待其轮廓稍清，确认为德舰，交火中，船队唯一的护航舰"哲维斯"号几无还击之力。在它被击沉之前，船队已经分散得很远，结果37艘船中仅有5艘被"舍尔"号击沉。"舍尔"号驶向南方，开始了一场持续5个月之久的袭船战，它的行踪远至南大西洋和印度洋，随时击沉单独无助的商船，它的战绩是击沉共计9.9万吨的盟国舰船，包括"哲维斯"号巡洋舰和16艘商船。

与此同时，舰长麦泽尔指挥下的"希普尔"号于1940年12月5

日起，也进入了大西洋，因续航力差，行动受到很大限制，三周后返回基地。第二次出海是在1941年的2月9日，它在大西洋中部进行加油补给，驶往塞拉利昂附近的盟国船队必经航线，一艘潜艇向它报告了一支从直布罗陀返航的船队的具体位置，要求它协助潜艇及康多尔式轰炸机攻击船队，这次协同作战失败了，"希普尔"号仅击沉一艘掉队的商船。接着，它撞上了一支刚刚从弗里敦开出的WS-54号部队运输船队，被护航巡洋舰驱走，一无所获。两次碰壁后，终于来了好运，它截击了由19艘船组成的SLS-64号船队，击沉其中7艘，这次作战之后，它无力继续袭船，驶回本土检修。

1941年1月初，吕特延斯上将率领"沙恩霍斯特"号和"格奈泽瑙"号溜出了丹麦海峡，驶往冰岛以西，然后赴格陵兰以东与等候在那里的供应舰会合，进行加油补给。1941年1月6日，这两艘军舰来到加拿大附近海面，搜索着从哈利法克斯开出的船队，徘徊了两天，在天际望到众多商船的桅樯，这是HX-106号船队，两舰立即全速逼近。但是它们马上在众多的商船桅杆中望见了战列舰的桅杆。英国海军已经获悉两艘德舰驶入大西洋，苦于舰只紧缺，派了旧式战列舰"拉米利斯"号到北海护航，吕特延斯感到，虽然自己的两艘重型军舰占有优势，但离基地1000多海里，万一被敌方15英寸口径大炮击中，就再无法从事袭船作战了。他稍微踌躇了一下，就下令与敌脱离接触，随着德舰慢慢在视野中消逝，响彻船队上空的警报声平息下来了。

吕特延斯直到2月17日方敢再次靠近护航路线。足有4天时间，他都是一无所获，在22日破晓时，他时来运转，在纽芬兰以西650海里处，发现天际有数艘商船，它们分得很散，也没有护航舰。

按当时的做法，缺少护航的商船在进入潜艇活动地区时须散开，可这无助于它们逃脱快速的战列舰的追捕。吕特延斯共击沉了5艘，总吨位约25700吨。

这些商船在行将沉没时拍发了求救电报，尽管德舰进行电子干扰，其中仍有一份被英国海防部队的电台接收到了，英国军舰开始向这一海域靠扰。进行了这次成功的袭击后，吕特延斯预感到盟国船队会绕开这一海域，就率舰南下，在大西洋中部加了油，于3月8日出现在佛得角以北350英里处的非洲西海岸附近。他这次又遇到一支船队，仍由一艘战列舰（马来亚号）护航。如同上次一样，吕特延斯又一次避开了。他将此情况通知了在该区域活动的潜艇，有两艘及时赶到，击沉了5艘商船。吕特延斯在此稍一露面，又无声无息地溜走了。

两舰横渡大西洋北上，于3月15日驶抵加拿大瑞斯角（Cape Race）东南方向200海里处。这个地区对袭船来说再好不过，从英国开出的横渡大洋的船队就在附近解散，不再有护航舰，而且船只均未驶远，便于袭击。在以后的两天中，它们中的16艘（总吨位82000吨）被击沉。这次袭船后，吕特延斯率舰返回法国布雷斯特军港，受到隆重接待，雷德尔元帅发了贺电。这次出击共打沉敌商船11.5万多吨，使盟国大西洋航运和护航陷于一片混乱状态，输往英国的货物锐减。

水面舰艇的战绩与潜艇相比是小巫见大巫，但它牵制了大量盟国军舰，使得盟国本来就已经不足的海军兵力更为紧张。雷德尔元帅认为有必要扩大作战的规模，等候所有舰只都做好准备后，一齐出动，集中力量组成一支舰队冲破封锁，再分散活动，使英国在整个大西洋上的作战和航运都陷于混乱。

然而，返回基地的"沙恩霍斯特"号和"格奈泽瑙"号再也没有出海的机会了，皇家空军对它们进行了持续的侦察，监视其动静，随时准备堵截，同时不断地轰炸，虽未能以炸弹命中，却延缓了两舰的维修和补给。直至一架由飞行军官 K. 坎佩尔驾驶的鱼雷机穿越了港口的防空火力抵近攻击，以炸弹直接命中，重创两舰，坎佩尔及其机组人员也以身殉职。另外，盟国飞机和舰艇在布列斯特港外进行了多次布雷，长期封锁了布列斯特港。雷德尔元帅以这两艘巡洋舰与"欧根亲王"号相配合进行袭船战的打算落空了。

这时，德海军的最大战舰"俾斯麦"号终于装备和试航完毕，开始服役，极大地鼓舞了德国海军的士气。这艘被丘吉尔称为"造舰史上一大奇迹"的巨舰，是德国工业和科技的结晶，以 19 世纪中叶为德国统一立下功勋的"铁血宰相"俾斯麦命名，舰长 250 米，满载时排水量 4.9 万吨，采用了涡轮—电力推进装置。德国没有海外基地，所以在设计时尽力增加载油量，以 19 节的航速，续航力可达 8000 海里。考虑到在日后的突防和远洋袭船战中必然要以寡击众，而且被击伤后也不可能及时修复，"俾斯麦"号的防护能力特别强，舰体采用了高强度钢，可以在 2 万至 3 万米的距离上抗御 38 厘米的炮弹，舷侧可抵抗装药量 250 公斤鱼雷的打击，上甲板全部以 50 毫米厚的装甲加强，防御弹片和延缓炮弹下穿，使炮弹在接触到装甲甲板之前爆炸，装甲甲板保护着舰上的要害部位，厚度达 120 毫米，主炮装甲为 150 至 360 毫米。装甲占了军舰总重量的 40%。主要武器是双联装 38 厘米口径炮塔 4 座，备弹 840 发，副炮为双联装 15 厘米口径炮塔 6 座，可做大角度旋转，覆盖军舰前后各方向。

"俾斯麦"号是德国海军的最大战舰

对空武器由数十门重、中、轻型高炮组成。舰上还搭载4架"阿拉多"式水上飞机,用于侦察、校射和联络。满员时人数为2106名,划为12个分队。1941年3月,在波罗的海进行演练,随时准备出动。

为了利用北大西洋浓雾和有利于袭船的夏季白夜,雷德尔要求吕特延斯尽速做好再次出海的准备。德海军制订了"莱茵演习"计划,拟派遣"俾斯麦"号等4艘大型舰只突破英国在北海设置的封锁,进入大西洋进行新一轮袭船战,可是"格奈泽瑙"号和"沙恩霍斯特"号无法出动,任务落在了"俾斯麦"号和"欧根亲王"号的身上。雷德尔认为,这次成败与否,在于隐蔽行踪,所以采取了非常迂回的航线。2艘泊在波罗的海格但斯克的德舰,得到的指令是:"对敌运输线进行最大限度的袭扰,开展吨位战,但是不可与英舰纠缠,尽量避免交战。"为保证补给,德国海军已经派出7艘油船和供应舰前往大西洋中部接应。

2艘德舰在1941年5月18日驶出格但斯克港,按照计划,将于19日通过已被德军占领的丹麦贝尔特海峡,再取道瑞典与丹麦之间的卡特加特海峡,开往卑尔根的科尔斯湾,沿挪威海岸北上,利用当地这一时期出现的大雾天气,在德国驻挪威空军的保护之下进入冰海,然后紧贴极区的浮冰区,从冰岛以北进入大西洋,这样,就突入到英国海上封锁线的后方,可以在大西洋上纵横驰骋了。"俾斯麦"号因火力特别强大,将对一切有战列舰护航的船队发起攻击,"欧根亲王"号主要进攻防御较弱的船队。

可是在从波罗的海进入北海驶过瑞典附近的卡特加特海峡时,被瑞典巡洋舰"果特兰"号远远望见,瑞典海军中的亲英军官将这一情况迅速告知英国驻瑞典武官,该武官又立即将此重要消息告知了海军部。从此后,它们就几乎没有能够摆脱跟踪。

"俾斯麦"号的出动引起了恐慌,英国海军部马上忙碌起来,一面继续监视"俾斯麦"号的行踪,一面组织应战。英本土舰队以及驻地中海和大西洋其他地区的舰只纷纷驶往北大西洋,围堵德舰的突防。英本土舰队司令托维上将在5月20日得悉德舰开始突破封锁,24小时后,英国海防司令部的一架侦察机在挪威的科尔斯湾里发现了2艘德国的巨舰。很明显,敌舰下一步行动就是突防了,最有可能采取的路线是冰岛两侧的海峡。托维下令本土舰队封锁冰岛南侧与法罗群岛之间的海峡,以及冰岛北侧的海峡。"诺福克"号和"萨福克"号重巡洋舰监视丹麦海峡,另3艘巡洋舰部署在冰岛以南。霍兰海军中将率领战列巡洋舰"胡德"号和战列舰"威尔士亲王"号在6艘驱逐舰的伴随下,作为冰岛两侧英舰的后援力量。

停泊在斯卡帕湾内的"乔治五世"号战列舰和一些巡洋舰升火待命,另外从地中海和大西洋的护航力量中抽调了"胜利"号航空母舰和"退敌"号战列舰。当时,"威尔士亲王"号尚未装备完毕,造船厂的技工还在装修其35厘米口径大炮的炮塔,而且该舰也还未经全面试车,但也接到立即开赴战区的命令。

这些天的气候条件极差,能见度低,5月22日,托维又收到了奥克兰群岛起飞的一架侦察机19时发来的最新消息,驾驶员在飞临科尔斯湾时发现港内空空如也,2艘德舰不知去向。3小时后,托维率领支援舰队出港,驶向能够同时有效地支援冰岛两侧海峡英巡洋舰队的一个位置。英军的侦察活动面临恶劣气候条件的限制,不能连续和准确地掌握敌舰动向;但是另一方面,德国空军针对奥克兰群岛英本土舰队的侦察活动也被迫停止，没有发现英主力舰队已驶出斯卡帕湾。

5月23日，德舰终于出现在冰岛东北方。"萨福克"号重巡洋舰上的一名军官回忆道："19时22分，我舰的一名观察哨发现了'俾斯麦'号和'欧根亲王'号，它们的身影在一阵暴风雪中闪现出来，位于我舰与丹麦海峡的浮冰之间。敌舰以高速向西南疾驶，与我舰平行。我们进入了战斗状态，我舰急速地改变了航向，躲进了雾中，发出了第一个敌情电报，对我舰来说，重要的不是保护自己的安全，而是要以雷达与敌舰保持接触。一小时后，我舰与'诺福克'号会合，尾随敌舰。整夜都以高速紧跟目标。……"

由于英舰有雷达这一先进技术装备，德舰利用暗夜、大雾、高速度和曲折航线甩掉英舰的企图均未成功，次日，在12000米的距离上，德舰开火，两艘英舰施放烟雾后拉开了与德舰的距离，但仍然在"俾斯麦"号大炮的射程之外紧随不放。托维率领下的主力舰队还远在东面600海里处。霍兰中将率领的"胡德"号和"威尔士亲王"号离得较近，他也收到了这份电报，以27节时速驶向目标。

霍兰估计，约5小时后，即24日凌晨1时40分左右会与敌舰发生接触，遂下令进入战斗状态，并且做好夜战的准备。正在这关键时刻，两艘巡洋舰的雷达失去了目标，霍兰无法了解敌舰的航向及其变化，只能靠自己的判断，因此难以从有利的位置接敌。

零时31分，霍兰以灯光信号将作战计划通知了"威尔士亲王"号："2艘重型军舰将集中射击'俾斯麦'号，由2艘巡洋舰去对付'欧根亲王'号。"这样，英舰的火力就可两倍于德舰。为了不打破无线电静默，霍兰没有将这一计划告知两艘巡洋舰，所以它们并不知道马上要与敌人接触了。"胡德"号尚未配备雷达，霍兰也没有命令"威尔士亲王"号将搜索雷达打开。霍兰的另一个疏忽，是没有看清德舰编队已改变，"俾斯麦"号与"欧根亲王"号调换了位置，改由"欧根亲王"号领先，"俾斯麦"号殿后，这一变化对在后尾随的英舰造成了很大威胁。而这时，2艘英国巡洋舰还在15海里之外，不能援助即将遭到敌炮火袭击的2艘战列舰。2时零3分，霍兰还是不清楚吕特延斯旗舰的真实位置，令2舰向南转向，以便等待破晓时的曙光，而伴随战列舰的6艘驱逐舰不了解这一变化，仍然向北驶去，结果使霍兰在接敌时不能用驱逐舰发起鱼雷攻击。约半小时后，"萨福克"号终于又在雷达的屏幕上发现了德舰，开始向"胡德"号连续地提供德舰的位置。3时40分，霍兰改变了航向，采取了一条与德舰航向相交的航线。

此后霍兰的指挥中又出现一系列失误，首先，他让旗舰"胡德"号领先，而不是让装甲较坚固的"威尔士亲王"号打头阵。这种编队，必将使旗舰更容易遭敌炮火集中射击，采取这种冒险的编队，本应经本土舰队司令托维的同意，霍兰不愿受到干预，自行决定。为了便于集中指挥，霍兰将两舰的距离从通常的900米缩至550米。为了弥补自身装甲和火力的弱点，霍兰全速向北行驶了两个小时，想以改变航向的办法，进入能与德舰迎面对驶的位置，以便尽快地靠近敌舰，把与目标的距离压到12000米，在这一距离上，敌舰的重炮只能以平射击中"胡德"号坚固的侧舷装甲，而不能威胁脆弱的上层甲板。可是，当第一次看见德舰时，他正在17海里的距离上横斜地接近目标，在这个位置上，只能一点一点地缩小与德舰的距离，更糟的是，两舰无法发挥侧舷火炮和舰尾炮的威力，只有半数重炮可以使用（8门38厘米炮中有4门、9门35厘米炮中有5门可以使用）。在火力上并不能比"俾斯麦"号占优势。

这还不是英方的全部失误。5时53分，双方在24000米的距离上几乎同时开炮。两艘德舰都将火力集中于"胡德"号，"威尔士亲王"号正确地选择了"俾斯麦"号为目标，而"胡德"号却将炮火对准了领先的"欧根亲王"号，造成这一失误的原因是，所有新建造的德国重型舰只都有几乎雷同的侧影，在雷达上无法区分，而当时的能见度为12海里，目视亦难区别，"威尔士亲王"号上搭载的侦察机准备起飞抵近观察，可是燃料中进了海水，未能升空。否则，是不会发生这一失误的。霍兰混淆了两个目标，英舰本来就不占优势的火力就更为分散了。

最后一个决定胜负的因素就是双方的技术装备。英舰的炮兵指挥雷达还不具有实战水准，而光学瞄准器远不及德国的先进，其结果是，"胡德"号的第一次齐射未对"欧根亲王"号造成任何威胁，"威尔士亲王"号进行了6次齐射后，方测准了"俾斯麦"号的距离。两艘德舰的炮火要凶猛得多，第二和第三次齐射都击中了"胡德"号的中部。"欧根亲王"号的一枚重炮炮弹命中了"胡德"号的高炮弹药库，使之起火。6时整，正当两艘英舰左转舵20度修正航向时，"胡德"号再次遭到两艘德舰的集中射击，一枚炮弹击穿甲板，在舰尾部的弹药舱引起爆炸。

一声沉闷的巨响，"胡德"号向上腾起，随即沉没在波涛中，它下沉得如此之快，以致紧跟在后的"威尔士亲王"号即使不改变航向也不会同爆炸的旗舰相撞。霍兰中将、舰长克尔，以及95名军官和1324名水兵随舰沉入大海，只有一名候补少尉和两名水兵被驱逐舰救起。

当时在"威尔士亲王"号上作为中尉服役的名演员埃斯蒙德·奈特对这次短暂的海战作了如下描述：

忽然，在水天交接处发现了两根船桅，所有测距仪都悄然无声地对准了这个方向，35厘米口径大炮也跟着指向这边。时间飞逝，德舰终于露面了，天边出现了它们的侧影，是"俾斯麦"号和"欧根亲王"号，它们没有施放烟雾……时间流逝之快令人担心。德舰的航速为30节，就在我舰前方。终于从"胡德"号上传来了命令："开火"。当"胡德"号进行第一次齐射时，炮口发出大片橘红色的闪光，前炮塔上腾起黑沉沉的烟云，打出的炮弹落在了德舰的后面，可以看见水柱冲天而起。就在这时，我们望见"俾斯麦"号的炮口也发出了耀眼的橘红色闪光，接着腾起了相同的黑烟。随即出现了令人心悸的时刻，敌人的首次齐射从我们头上掠过，可以从炮弹的啸声判断它离我舰很近，啸声越来越刺耳，然后戛然而止，紧贴"胡德"号舰尾的海面上升起巨大的水柱。当齐射一轮接一轮进行时，人们好像失去了对时间的感知。再次传来这种可怕、刺耳、尖厉的啸声，我舰右舷又升起了水柱，这是"俾斯麦"号的校正射击。这一刻，我们看到"胡德"号上突然起火，接着是无法描述的一幕：舰的中部爆炸升起烟云，红色的火焰冲天而起，黄白色的烟云上腾，舰体的残骸碎片在空中乱飞。这次爆炸将"胡德"号撕裂了。

从"胡德"号发现德舰到被击沉，不过二十几分钟。

"胡德"号是被击沉的第四艘这类战列巡洋舰，它具有较强的火力和较快的速度，而装甲薄弱。已有三艘在北海的海战中沉没，本土舰队的查费尔德上将评论说："'胡德号'是去迎击比它先进22年的敌舰而被击沉的，在这二十二年中，军舰的设计、技术和战斗力都发生了始料不及的变化。"

击沉"胡德"号之后，吕特延斯马上将两舰的大中口径炮火集中射击"威尔士亲王"号，距离是16500米，6时零2分，就在"胡德"号沉没的一刹那，"威尔士亲王"号的舰桥上也中了一弹。在场者除了指挥官之外，非死即伤。几分钟后，又有5发重炮炮弹命中。德舰将距离缩至13000米，"威尔士亲王"号上的14门大炮已有5门停止了发射。舰长决定退出战斗。6时13分，"威尔士亲王"号施放烟雾撤离。两艘英国巡洋舰接替战列舰跟踪德舰，以便为即将赶来的本土舰队指引方位。"威尔士亲王"号并不知道，它发射的重磅炮弹中有三发命中了"俾斯麦"号。其中一枚击穿了德舰的两个主燃料舱，燃油大量泄漏，其他舱的燃油也掺进了海水，航速明显减慢。8时整，吕特延斯决定中止这次出海作战，向南撤离战场。

吕特延斯也不了解"威尔士亲王"号蒙受损伤之重，否则的话，他一定会趁机将其击沉。做出撤回本国的决定，除了军舰受伤，无法长期在海上周旋外，还考虑到行踪已无法掩盖，在以后的遭遇战中会寡不敌众。选择返程航线时，吕特延斯感到，如果折向北方再次通过丹麦海峡驶返德国，所冒风险太大。他决定从英伦三岛后面绕航法国的圣纳泽尔港，英舰多被吸引到北部海域，这一方向的敌舰必然较少，而且该法国港口有足以容纳"俾斯麦"号的干船坞，可供修理之用。两艘德舰向西南驶去，后面跟着"诺福克"号和"萨福克"号，"威尔士亲王"号作为后援。在更远的东南方330海里以外，托维正带领"乔治五世"号战列舰、"退敌"号战列巡洋舰、"胜利"号航空母舰、4艘巡洋舰和9艘驱逐舰急速赶来截击，托维估计次日早上7时会与敌发生接触。

"诺福克"号和"萨福克"号两舰仍跟踪敌舰不放，各路搜索舰队赶赴指定海域，担任船队护航的"罗德尼"号和"拉米伊"号战列舰也被调来助战。当天下午，"俾斯麦"号为掩护"欧根亲王"号撤退，突然调转航向，扑向"萨福克"号，迫使它偏离原航线，在这期间，双方进行了短暂的炮战。"欧根亲王"号借此机会向东南方向逃去。

为协助"俾斯麦"号逃脱追击，邓尼茨派出了13艘潜艇，分为两个艇群，部署在"俾斯麦"号驶往法国比斯开湾的途中，拦截英舰。因位置太偏西，没有击沉英舰，但是发挥了作用，追踪"俾斯麦"号的英舰进入德国潜艇活跃区域后，都采取曲折航行避开敌潜艇的袭击，所以放慢了速度。

为拖住敌舰，当晚，"胜利"号航空母舰在100海里远的距离以仅有的9架鱼雷机和6架侦察机对目标进行了攻击。英德在北非和地中海的激战，使得舰载机陆续被召去，航空母舰几乎成了一艘空船。以雷达跟踪"俾斯麦"号的两艘英舰一度把一艘美舰误认作德舰，以致"胜利"号上出动的飞机无功而还，等到再次捕捉到目标时，空袭已经失去了突然性，德舰以猛烈的炮火迎击英国飞机，只有一架飞机以鱼雷击中"俾斯麦"号的中部，不过没有造成严重损伤。"俾斯麦"号加快速度，于25日凌晨4时摆脱了跟踪。

英国海军部判断，德舰去向有三种可能：经北海驶回德国港口；向东南驶向法国的港口；在海上接受补给和加油后，转移到其他海域。托维认为驶返德国的可能性最大，并据此作了相应部署。然而吕特延斯所选择的是第二种，向东南开往法国。而英舰已分散开，朝西南方向搜寻。这时，"俾斯麦"号要悄然逃脱围捕，原是很有希望的。但吕特延斯并不清楚当时已摆脱追踪，认为英方雷达仍在监视着自己，因此犯了一个致命的错误，令"俾斯麦"号打破无线电静默，拍发了一份冗长的电报向雷德尔说明战况，这份电报被监听。英国海军部根据各种情报综合判断，敌舰正在逃往法国的港口，其大体位置是在以北纬55度15分线和西经32度线的交点为中心、半径50海里的区域内。

这时，英参战舰只已经减少，"胜利"号航空母舰因缺乏燃料返航，"威尔士亲王"号伤重返回基地修理，能拦截德舰的主力舰剩下了"罗德尼"号、"拉米伊"号，还有从直布罗陀赶来进行拦截的由萨默维尔中将率领的H舰队，下辖"皇家方舟"号航空母舰、"声望"号战列巡洋舰和两艘巡洋舰。

5月25日，英国军舰和飞机的搜索持续了一整天，"俾斯麦"号仍渺无踪迹，而且因风力增大，舰只的航速和侦察机在航母上的起降都受到不利影响。随着时间的流逝，德舰逃得越来越远，刚刚找到的一条线索似乎又要断了。海军部已经不抱有再次找到"俾斯麦"号的希望。

5月26日10时30分，从正在英格兰西南海空巡逻的一架英国海岸航空兵卡塔利纳式水上飞机传来了最新报告：敌舰正行驶在法国布雷斯特港以西约700海里处，次日傍晚可驶抵该港，具体方位是北纬49度33分、西经21度50分，航速20节。位置距离英搜索舰队甚远，而且即将进入德国空军和潜艇活动范围，对于英方来说，最多只有24小时可利用。英海军在这一海域几乎没有可以截击德舰的力量，唯一可行的办法，就是以航空母舰上的飞机击伤敌舰，使其放慢速度，再以水面舰只围歼。距敌人最近的巡洋舰"谢菲尔德"号以高速驶往指定地点，咬住了"俾斯麦"号。

14时50分，"皇家方舟"号上的14架鱼雷飞机出动，它们一点也不知道英舰"谢菲尔德"号正在跟踪敌舰，在云层上用机载雷达发现下方有大型军舰时，就俯冲而下投掷了鱼雷，所幸磁性引爆装置出现了技术故障，无一命中。19时，15架"皇家方舟"号上的舰载机，改用触发引信鱼雷，在"谢菲尔德"号的引导下，对"俾斯麦"号进行鱼雷攻击。能见度很差，云层低垂，刮着大风，黄昏过后的海上，天色骤然暗下来，"俾斯麦"号的庞大黑色舰体，已快与夜色混为一体了。当飞机逼近时，船上众多的高炮炮口闪出了火光，投下的13枚鱼雷命中两枚，其中一枚击中"俾斯麦"号的中部，坚固的装甲使德舰安然无恙，另一枚击中舰尾，炸坏了右舷方向舵的操舵系统，"俾斯麦"号的航速骤然减慢，航向也失去了控制，这是致命的一击。

吕特延斯心中十分清楚这一创伤的后果，他预感到难逃厄运，在午夜时分给希特勒拍发了两份电报，述及所面临的绝境，21时40分拍发的一份电报写道："本舰已经无法进行机动，将战斗到最后一弹。"23时15分，"俾斯麦"号突然掉头向相反方向驶去，航向由东南转向西北。为何如此，而不按原航线进入德国空军的作战范围，

"皇家方舟"号航母起飞15架"箭鱼",以鱼雷攻击重伤的"俾斯麦"号

至今不明。英舰大都快耗尽燃料，不能追赶很远了。在整个一晚，从护航舰队调来的5艘英驱逐舰紧随"俾斯麦"号不放，并在远距离从不同方向施放了鱼雷。受重创的德舰无法控制自己的航向，只能偏离目的地向北漂去。

5月27日8时，"俾斯麦"号上最后一次响起警报声，15分钟后，"诺福克"号的桅杆已可以望见，英国战列舰出现在天边。8时47分，"罗德尼"号和"乔治五世"号在2万米的距离与"俾斯麦"号对射，先击毁了德舰主炮射击指挥仪，半小时后，摧毁了德舰大部主炮，使之起火倾斜，当时的一名英国目击者回忆说："我用望远镜注视着'俾斯麦'号，它的所有大炮都在开火，德国人有首发命中的美名，可第一次齐射从'罗德尼'号的舰首上方掠过，落点太远，此后，其射击的规律性和准确性变得越来越差，两艘英舰在9时把距离压到14500米，'俾斯麦'号的两门前主炮已退出战斗，炮兵指挥所也被击毁。不久，舰后的炮兵指挥所也中弹。英舰进行了5小时15分钟的抵近射击，才把它送入海底，在此期间，我们可以清楚地看到我舰中口径火炮命中敌舰上层结构时发出的橙色闪光，这种闪光越来越密。然后，从燃着的甲板上升起了一团大火，转眼间便燃到了主桅。"

10时，"俾斯麦"号弹药耗尽，停止了射击。舰桥被打掉，全舰被浓烟笼罩。在这场炮战中，"乔治五世"号发射了339枚35厘米炮弹，"罗德尼"号发射了380枚40厘米炮弹。由于"俾斯麦"号的结构坚固，所中炮弹中仅有一发350毫米炮弹击穿甲板，舱内设备还基本完好，它燃烧着的残骸漂在海上。两艘英国战列舰因燃油快耗尽，不待"俾斯麦"号沉没就返航了，击沉这一浮动靶子的任务交给了轻型舰只，"诺福克"号与"多塞特郡"号向这个活靶子发射鱼雷。

关于"俾斯麦"号的最后沉没，有两种说法。一说是中鱼雷沉没，一说是德官兵在射完炮弹后将战列舰自行炸沉。一名侥幸生还的德舰军官回忆说："炮火声越来越零乱，最后只剩下了零星的几声爆炸，舰桥上的传令装置已经被打坏，三个涡轮机机舱中满是浓烟。10时15分，我得到了命令：'准备沉船'。军舰缓缓下沉，我们明白，它接着是要翻转倾覆的。高唱三遍'祝愿胜利'之后，我令部下离舰。刚一离开，船就向左舷倾覆，舰首直指天空，舰尾朝下，沉入深海。"

10时36分，"俾斯麦"号带着吕特延斯上将、舰长林德曼，以及2400名官兵沉入波涛中。仅有119人被附近的英国驱逐舰和德国潜艇救起。赶来支援的德国飞机击沉了一艘英国驱逐舰，潜艇更是无助于事，它们多是在返回基地途中临时受命赶来，已经没有几发储备的鱼雷了。德国潜艇在沉船现场出现，反而使正在打捞落水者的英国驱逐舰匆匆离去，更多的落水者因而丧生。

围歼"俾斯麦"号取得成功，是英国海空军和情报部门进行全面协作的结果。英海军部在总结时作了如下评价："没有海防部队的空中侦察，就不可能在挪威的狭湾中发现'俾斯麦'号；没有海军航空兵的进一步核实，就无法获悉它已经离港出海；要不是有巡洋舰，也不会发现德舰通过了丹麦海峡；如果没有发生次日我战列舰与敌舰的交火，就不会击伤敌舰，让它留下一条油迹，'胜利'号航空母舰舰载机也就无法以鱼雷击中它；没有海防司令部的侦察飞行，'俾斯麦'号逃脱后就难以再被发现；若不是'皇家方舟'号的飞机,也就不能使其减慢速度而遭围歼;没有驱逐舰,将不可能在夜间咬住敌人;没有两艘战列舰的参战,也就不会最后击沉德舰。"

托维给予"俾斯麦"号高度的评价:"俾斯麦号在绝境中勇敢奋战,发扬了德帝国海军的传统。它是悬着飘扬的军旗沉入大海的。"英海军部马上告诫他"出于政治原因,不得向新闻界散布这类评语"。

"欧根亲王"号在5月24日与"俾斯麦"号分道后,先向南疾驶,在大西洋中部加了油。这时,发生了机械故障,舰长布林克曼决定停止袭船战。5月27日,英国海防部队的一架侦察机发现了这艘重巡洋舰的行踪,但英国海军已是力不从心,因为几乎所有能够出动的军舰都返回基地加油和补充弹药,以继续对"俾斯麦"号的搜索,无力组织围捕,"欧根亲王"号趁机于6月1日溜进了布雷斯特港。

在这次战役中,英海军共出动了8艘战列舰、2艘航空母舰、11艘巡洋舰以及大量的驱逐舰和飞机。向"俾斯麦"号倾泻了大量的炮弹和炸弹,发射了71枚鱼雷(命中12枚)。

雷德尔元帅在"莱茵演习"行动失败后,再没有派主力舰突入大西洋进行袭船战。"欧根亲王"号重巡洋舰在航行中暴露出的技术问题也表明这种舰只不易用作袭船。"沙恩霍斯特"号和"格奈泽瑙"号被皇家空军炸伤仍瘫痪在布雷斯特港内,德水面舰队在经历了数月的辉煌之后,一时处于半瘫痪状态。1942年2月12日和13日,这三艘军舰顺利通过了英吉利海峡,返回德国,与同年竣工的"俾斯麦"号的姊妹舰"提尔皮茨"号会合,此后,德国放弃了以大型舰只突入大西洋开展袭船的努力，主力舰都用于高纬度的挪威海执行袭扰英美与苏联之间海上运输线的任务。英国海军本土舰队的主力也从令其精疲力竭的护航和搜索任务中解脱出来。部分舰只赴远东对付轴心国的另一个海军强国日本。

八

冰海迷雾

如果说，德舰在大西洋其他海域的袭船战是为了置盟国于死地，那么在挪威海和北冰洋上的袭船就是为了挽救自己在地面战场特别是苏德战场的失败。

1942年7月，轴心国的力量达到了顶峰，隆美尔在利比亚攻克了托布鲁克要塞，正朝着亚历山大城急速推进，英国海军眼看要失去在地中海的重要基地。苏伊士运河也似乎要落入德国人之手，7月2日，苏联克里米亚半岛塞瓦斯托波尔要塞陷落。德军在东线转入夏季攻势，进逼斯大林格勒并深入高加索山区。

苏德战争爆发后，苏联的所有海域几乎都被封锁，获取盟国援助物资的唯一通道是船运至波斯湾再经伊朗的铁路进入苏联中亚地区，出于局势严峻，必须加强对苏联的援助，开辟海上通道刻不容缓。而路线别无选择，只有经北冰洋通往苏联阿尔汉格尔斯克和摩尔曼斯克一途。这也是通往苏联的最短航线。赴该地的第一批船队是1941年夏从英国启程的，没有遇到麻烦。到1942年3月1日，已有111艘运输船驶抵上述两港，在返航的78艘中，只损失了1艘商船和1艘护卫舰。这条航线上的货运量占盟国援苏物资的1/4。1942年春，德军在莫斯科战役中受挫，便不容许这种状况继续下去。1942年1月，德国海军在挪威南部集结大型舰只，"提尔皮兹"号在一艘驱逐舰的伴随下，于3月份跟踪PQ-8和PQ-12号船队，但没有大开杀戒，只击沉了掉队的1艘苏联船，但这无疑是个不祥之兆。4月份，这种袭击升级了，PQ-13在途经北角时，遭到德国驱逐舰和大队飞机的截击，13艘船中沉没5艘。因春季北部海域气候条件好转，已适于潜艇作战，邓尼茨又从大西洋其他海域抽调了一批潜艇赴挪威海加强袭船战，这样，盟国船只就面临着飞机、潜艇和水面舰只的三重威胁。经过挪威海的航线开始变得非常险恶。挪威海成了双方关注的焦点。

5月份，由34艘船组成的PQ-16号船队经过这里，又遭到6艘德中潜艇的"狼群"攻击和300多架次敌机的轰炸。护航舰驱散了敌艇，可对于如此猛烈的空袭束手无策，几分钟内便有7艘船没入波涛。

德国海军根据获悉的情报，得知6月下旬，一支称为PQ-17的船队会出现于极区海域。为予敌重创，雷德尔认为有必要投入宝贵的大型水面舰只，4艘德国巨舰已在挪威南部的港口完成结集，船队的必经航段在其作战半径之内。它们是"提尔皮兹"号、驻泊在特隆海姆的"希普尔"号、驻泊纳尔维克湾的两艘袖珍战列舰"吕佐夫"号和"舍尔"号，另外还派出了6艘大型驱逐舰。上述舰只组成了特遣舰队。为配合出击，邓尼茨调集了第11潜艇队的12艘潜艇。德空军第5航空联队在挪威巴尔多夫斯和巴纳克两基地集中300架飞机。这支合成力量，还受到在本土基尔港的北方舰队司令部的

德舰"提尔皮茨"号是挪威海猎袭的主角

支援，可以说是胜券在握。

德海军组织这一战役，还有其他目的，即与陆军争功，并且力图恢复大型水面舰只自开战以来一直遭受打击的自信心，水面舰队在潜艇和海军飞机的战绩面前自愧弗如。为筹划这次出击，基尔的北方舰队司令部紧张忙碌。指挥官卡尔斯上将并不能随意使用这支力量，首先，飞机不归他管辖，他向第5航空联队在挪威的司令部派遣的联络官无指挥权。在海军内部存在着权限不明确的问题。希特勒对这次出击有不同看法，而没有他的命令，"提尔皮茨"号连锚地都不能变动。

随着PQ-17船队的集结待航，盟国海军十分敏感地觉察到事态的严重，于是增调舰只赴挪威海域，这支船队由36艘各种船只组成，载有军用物资20万吨。为了保护PQ-17组织了强大的力量，它们分为两支，一支与船队同行，由6艘驱逐舰组成；另一支以4艘重型巡洋舰为核心，还包括2艘辅助巡洋舰、2艘潜艇、11艘武装商船、扫雷艇和护卫舰。由汉密尔顿上将指挥，行驶于船队前方100海里处。而本土舰队司令托维上将，已在此两日之前离开斯卡帕湾基地，率领战列舰"约克公爵"号、美国战舰"华盛顿"号以及航空母舰"胜利"号和3艘巡洋舰等候在巴伦支海，守望着德国舰队桅杆的出现。此外，还有一批盟国潜艇部署在北角的西北方。5艘苏联潜艇负责监视挪威南部港口，预报德国大型舰只的活动。为PQ-17提供保护的舰只超过了该运输队本身船只的数目。这是大西洋之战中非常奇特的一幕，当时，盟国在太平洋、地中海和大西洋其他海域都严重缺少必要的舰只，而在挪威海为一支船队的安全，竟出动了如此之多的军舰。

5月份，盟国船只在冰岛集合完毕，踏上前往苏联的危险旅程，PQ-17于27日驶离冰岛，它共集中了36艘船，含22艘美国船、2艘苏联油船，以及3艘救护船。由海军中校布鲁姆指挥，目的地是阿尔汉格尔斯克。从一开始就出现麻烦，一艘船在雷克雅未克搁浅，一艘在丹麦海峡触上了冰山。

6月1日，卡尔斯上将要求空军对冰岛的港口进行侦察，这遇到了困难，第5联队坚持将能派出的飞机都用于轰炸任务。所以他只能依靠海军的潜艇来完成这项必不可少的工作。在6月上旬和中旬，共先后派出10艘潜艇侦察冰岛海域和对航线进行搜索。7月2日，U-255在杨马延岛以东60海里处首先发现了该船队，接着U-408也驶近，德国飞机尚未找到船队的位置，卡尔斯下令潜艇率先进攻，因天气不好和防范严密，第一次尝试性的攻击被凶狠地击退了。没有一发鱼雷命中目标，船队保持稳定的航速，阵脚不乱，护卫舰只还加了油。当日的第一次空袭是18时15分开始的，持续了一个半小时，也被猛烈的高射炮火击退。

3日，当船队快要进入巴伦支海时，情况对于防御的一方骤然变得不利。因为这一航段紧贴着德国空军在挪威北端的支撑点，而冰山又极大地限制了船队的机动，使它无法避开危险。另外，一直在远处伴随着船队的强大的支援舰队无法继续向东行驶了，英国空军的活动半径也到此为止。

这时，英国海军只能有两种选择：向东前行，在敌空军的威胁下与敌主力舰决战；或者，向西退却，把前来迎击的敌舰引向有利的战场。前者使得海军冒险，后者置船队于不顾，所以英国海军部的这项作战计划好似一场赌博，实际上是以商船来诱敌，一开始就处于风险和矛盾之中。汉密尔顿得到的指令是，为商船护航的巡洋舰不得超越东经25度，即挪威北角。盟国海军的手脚被拴上了一条无形的锁链。一旦"提尔皮兹"号出现，船队为避免更大损失，除了四散逃脱之外没有其他办法。实际上，在进入巴伦支海时，各船都准备着一旦有情况就单独或结伴掉头返航。

7月2日12时，"提尔皮兹"等巨舰就已做好一切准备，随时可以出发。20时，施尼文德上将指挥"提尔皮兹"号和"希普尔"号驶离特隆海姆，4小时后，库麦茨上将的"吕佐夫"号和"舍尔"号驶出了纳尔维克湾。它们在特隆海姆和北角之间的阿尔腾湾会合出击。"吕佐夫"号搁浅受伤折回。次日，又有另外3艘驱逐舰遇到了同样的厄运。浓雾严重地干扰了海军原计划的执行。航空侦察也无法进行。大约有36个小时，盟国船队在毫无干扰的情况下航行。

卡尔斯准确地估计到，英国重型舰只不敢进入德空军的打击范围。拟于4日和5日以战列舰攻击船队。希特勒对此表示怀疑，他明确指令，在这次作战中，不得让主力舰蒙受损失。如英方一样，德舰的行动也受到了决策者的牵制。本已下了决心的卡尔斯拿不定主意，万一敌舰中有航母该怎么办？万一敌人的力量占了巨大优势该怎么办？

7月4日的局势就是如此，三艘德国战列舰在侦察机报告了英主力舰队的位置之后，等候了三小时，这时雾稍散，飞机又发来电报，敌船队正从北部穿越巴伦支海，而且似乎直向北驶，进入更高的纬度，大概是想以此躲避危险。这天早上，船队遭到了第一次打击，一架孤独的鱼雷机从云洞中望见了装载着坦克的7000吨的美国货船"克里斯托弗·纽波特"号，于4时50分俯冲投弹，将其击伤，U-

557号潜艇接着给了它致命的一击。

但船队还是受老天的保护，雾很浓，云层很低，海面平滑，微风不起。18时，飞机再次参战，美国驱逐舰"维恩怀特"号的所有炮口都喷吐出火舌，打得满天硝烟，使德国飞机难以靠近。这天正值美国国庆日。两小时后，空袭更猛，25架飞机自20时30分开始逼近船队，炸中了3艘船，其中苏联油船"阿塞拜疆"号还能勉强行驶，德机被击落4架。

所有这些战况都立即传往在阿尔腾湾待命的"提尔皮兹"号上的指挥部，参谋人员在紧张地分析和报告，卡尔斯上将感到，德国空军干得太过分了，会吓跑在远处的英主力舰队。这一抱怨不无道理，英国支援舰队已在当日6时15分转舵向西。德国空军指挥官通报，对东经14度至26度之间的海域进行了仔细搜索，范围直达冰山的边缘，没有发现敌舰。接到这一重要情报后，卡尔斯立即请求施尼文德批准对护航队实施攻击，由于要等待希特勒的批准，时间一分钟一分钟地流逝，希特勒在批准了出击令后马上召见了雷德尔，重申他的有关限制，5日11时40分雷德尔下达出击令。造成时间拖延的另一原因是发现盟国潜艇十分活跃，盟国设置了双重潜艇警戒线。13时，"提尔皮茨"号战斗群驶出了阿尔腾湾，分散在广漠洋面上的其他舰只在前一天接到命令后，边驶往战场边进行集结。

托维仍在盘算着诱敌计划，本土舰队一直徘徊在挪威海德国飞机活动半径之外，他决定，当船队驶远而德水面舰队仍不出动，就返回斯卡帕湾。4日上午的情况正是如此，已有36小时没有发现敌人出动的征兆，托维率领本土舰队向西撤离。

这时，在北角周围400海里之内都没有英国作战舰只。船队只能依靠本身的护航舰了。在此之前，潜艇连一艘船也没有击中。驱逐舰进行了有效的反潜。船员们仍是提心吊胆，他们在以后24小时内的约250海里航线上将处于德国飞机轰炸范围内。舰船上的高炮都严阵以待。

就在4日午夜时分，负责警戒的潜艇发来了不祥的消息，"看到了敌舰巨大的身影和炮管"。英国海军部于当日连续向船队报告了敌主力舰只北上的消息，根据当时提供的敌舰位置计算，"提尔皮茨"号在10个小时内可赶上运输船队。由于德舰离船队过近和处于本国空军活动范围，英国主力舰队无法援助。海军部于21时11分命令负责护航的汉密尔顿的巡洋舰支援舰队，"掉转航向并以最快的速度返航，船队分散驶向苏联港口。"21时23分，又下令解散船队，汉密尔顿执行了这一命令，而且在返航时带上了驱逐舰，这在剩下的武装渔船中引起了混乱和不安，不久前拥有强大护卫力量的商船，现在只依靠武装渔船与少数几艘护卫舰和辅助巡洋舰作为仅有的安全保障。这支曾被认为只有用70艘舰只方可保护的船队，被无情地抛弃在苍天碧海之间。不久前还在正常行驶着的船队在巴伦支海分成小股四散奔逃，有的行驶在北方的冰山边缘，有的向东奔向苏联的目的地，也有的朝南疾驶。

实际上，这是一场虚惊。当天17时，德国的无线电监听站侦收到英国电台发出的有关2艘战列舰和8艘驱逐舰位置和航向的电报，知道德舰的行动已受到对方监视，再没有可能做到万无一失。雷德尔沮丧地取消了这次作战。22时，正当英方已陷入绝望和混乱时，"提尔皮茨"号升起了红色的信号旗：转向返航。7月6日11时，舰队意气消沉地抛锚。

船队并没有因此逃脱灾难，在以后的三天，遭到飞机和潜艇的连续攻击。7月5日被击沉14艘，6日2艘，医护船挤满了伤员，7日又是2艘，8日1艘，10日2艘，率先驶入阿尔汉格尔斯克的是一艘救生船，接着是两艘当地的货船，它们驶入了德维纳河口，在月底之前，又有数艘失散的船被拖进港口。出发时的35艘只余11艘。损失的24艘船中包括5艘英国船、14艘美国船、1艘荷兰船、2艘巴拿马船。

造成这一惨重损失的主要原因是将船队解散，而导致这一决定的原因，又是"提尔皮兹"号的出动。面对战列舰，分散是唯一可行的对策，而四散的船只失去了护航，又成为潜艇和飞机的靶子。"提尔皮兹"号等舰出动之后没有发现敌船队，更没有能与敌主力交火，所有的战果都是由飞机和潜艇取得的，但是可以说，大型舰只起到了左右局势的作用，它们使得盟国支援舰队陷于混乱并临阵退缩。

丘吉尔下令暂停北极航运后不久，盟国不惜代价地继续维持这条航线。9月份，出动了PQ-18船队，强大的护航队中有一艘航空母舰提供空中保护，但39艘船中仍有12艘沉没。对PQ-17船队的袭击是德国海军在大西洋之战中取得的最后一次重大胜利。丘吉尔将这一事件称为"整个战争中最令人痛心的海军插曲之一"。

"提尔皮茨"号的末日又延迟了一年，英国为了消灭这艘德国唯一的巨型军舰，千方百计搜寻藏匿在挪威曲折迷离的海峡中的"提尔皮茨"号，1941年查明它就藏在挪威北部的阿尔滕湾，英国的重型轰炸机可以飞到该地，但因已临近飞行的极限，无法携带足够的炸弹，始终未能消灭这个目标。潜伏着的这艘巨舰，对通往苏联的航线一直是重大的威胁。英国决定改用潜艇，可是常规潜艇很难在挪威的峡湾中活动，容易被发现。经过一年的研制，英国在1943年制造了6艘小型潜艇，它仅重35吨，由4人操纵，配备两枚高爆炸弹，投在敌舰下面的海底上，以计时器引爆。英海军人员先在地形相似的苏格兰洛赫科尔邦的峡湾中进行了模拟训练，拟以其中3艘攻击"提尔皮茨"号，以2艘攻击"沙恩霍斯特"号，其余1艘对付"吕佐夫"号。1943年9月11日，在距阿尔滕湾数百海里处，小型潜艇由常规潜艇牵引，向目的地缓缓潜行，其中一艘的拖缆断裂，无声无息地沉没了，另一艘因损坏而被放弃，当19日行至湾口时，还剩下4艘可以投入战斗。它们从水面冒险穿越了雷区，驶进了湾口，这时，又有一艘出现了故障折回，原定计划只能由一半兵力进行了。这3艘小型潜艇在阴云笼罩下的平静海面上尽可能轻缓地移动着，为了保证有足够的动力，进行了充电和最后的维修，然后三艇下沉到潜望镜深度，鱼贯而行。但是这时，天已微亮，德舰上的监视哨看到岸边有一艘搁浅的潜艇，领先的X-6号艇被发现。"提尔皮茨"号上的警报声响彻了狭窄的海峡。舰上派出了潜水员进行搜索，并准备出海，可是这时连续发现了X-7号和X-5号艇，德舰怕遇到不测，取消了出海的命令，转移到湾内较为安全的地点。正在这个时刻，英国潜艇安放在舰身下面的炸弹爆炸。"提尔皮茨"号被炸得跳出水面，三部主机全被震坏，全舰灯光熄灭，舵及操舵装置失灵，双层的舰底也涌进了海水。

执行任务的三艘潜艇一艘也没有返回基地，德军俘虏了X-6和X-7号，X-5号被深水炸弹击沉。"提尔皮茨"号虽然没有沉没，舰体和机械设备受到重创，再未能参加作战。

轰炸"提尔皮茨"号的英国轰炸机和巨型炸弹"大满贯"

1943年的圣诞节，挪威海冰海寒风，时时有夹雪的风暴，天色昏暗，能见度极差，每日仅在上午9时至下午3时有朦胧的微光，德国空军的侦察机频频出没在浓雾中，搜索着通往苏联北冰洋的航道，效果甚微，即便发现了目标，也常因天气关系不能攻击。由于情报的延误，放过了由冰岛开往苏联的JW55A号船队。德军从空中侦察获悉，另一支船队正沿同一航线驶往苏联。12月20日德海军派出8艘潜艇，等候运输船队的到来，并让战列舰做好出击的准备。

　　12月25日是圣诞节，上午9时，U-601号潜艇发现了代号为JW55B的盟国船队，这支开往苏联的船队于12月20日离开冰岛的埃韦湾，以19节的高航速向东驶来，它包括19艘商船和一支护航队，U-601号艇不顾护卫舰的反复驱赶，紧紧地咬住了目标。这时，"沙恩霍斯特"号这艘德国在挪威海仅存的主力舰，会同5艘驱逐舰，由纳尔维克之役的幸存者海军少将贝指挥，于圣诞节14时在德国空军的保护之下，启程向北驶去，计划在次日从有利的伏击阵地，攻击途经挪威海的盟国运输队，但决不与护航的盟国主力舰交锋。

　　英国护航队分为两支，距船队较近的是布尔尼特上将指挥的巡洋舰"诺福克"号、轻巡洋舰"贝尔法斯特"号和"谢费尔德"号。在远处，隐藏着另一支更强大的护航队，它由布鲁斯·弗拉瑟上将指挥的战列舰"约克公爵"号、巡洋舰"牙买加"号以及4艘驱逐舰组成，德潜艇已发现了第一支舰队，可是丝毫不知道还有一个更危险的敌人。弗拉瑟上将的这一安排，就是要诱敌出巢，他算准了，"沙恩霍斯特"号必定会在圣诞节期间趁火打劫，在盟国船队中大开杀戒，敌舰也可能会放过船队，攻击布尔尼特的护航队，为了保险起见，他把手下的4艘驱逐舰调去增强布尔尼特的力量，使护航的驱逐舰总数达到14艘，以便在与"沙恩霍斯特"号交火时，用鱼雷攻击拖住敌舰，使"约克公爵"号可以赶来以优势炮火击沉敌舰。然而24日和25日都未见敌舰踪影，海军部对弗拉瑟的计划已不再抱有希望。

26日凌晨，船队开始绕航挪威的北角，海上起了大风，船队和护航队无法保持原队形和距离，渐渐被风吹散。在这一瓶颈海域，船队调整了方向，从北角以北100海里处绕过这一受德国飞机威胁的地带。此时，布尔尼特的护航队漂到了船队以东150海里处，"约克公爵"号为首的另一支舰队在船队西南方200海里处，两支护航力量都在冰海的波涛中高速向船队靠拢，以防不测。

已闻风而动的"沙恩霍斯特"号以逸待劳，处于有利的位置，它比两支英国舰队距运输船队都近，就在船队的西南方50海里处。而且风是从舰尾吹来，不影响速度，可在英舰赶来之前对商船发起进攻。驻挪威的德空军奉命提供空中侦察，邓尼茨作了具体的指示，"巧妙而果敢地利用战术形势，……如遇到敌重型舰艇编队，应撤出战斗。"

按道理，"沙恩霍斯特"号的袭船计划稳操胜券，可事实却是相反。7时10分，贝少将命令驱逐舰先行，在战列舰前方设一搜索线，寻找JW55B船队，不久后发生信号故障，先行的5艘驱逐舰与旗舰失去了联系，使它们在不久后的交火中未能够发挥作用。当天14时，它们接到基地的命令返航。更为糟糕的是，德国海军情报部门未能发觉英舰的意图和提出警报，尽管弗拉瑟的舰只在这一天多次启用无线电进行联络并且透露了舰只所在位置，德国的无线电监听单位丝毫没有觉察,这时海上一片昏暗,能见度很低,靠目视难以发现目标,德舰队成了盲人。8时15分,布尔尼特的护航队折向西行,以25节航速靠近船队,25分钟后,在32000米的距离,"诺福克"号和"贝尔法斯特"号上的雷达都捕捉到了"沙恩霍斯特"号。贝少将对即将来临的危险仍毫无所知。双方间距缩小到12000米,9时21分英舰上的瞭望兵甚至透过北极海域的风暴和黑暗看到了敌舰的身影。3分钟后,"贝尔法斯特"号打出了照明弹,3艘装有雷达火控系统的英舰一起开火。第一次齐射,"沙恩霍斯特"号就中弹三枚,火控系统和舰首的雷达被顷刻摧毁,德旗舰依仗速度优势,迅速与英舰脱离接触,转向东北方,朝运输船队驶去。

布尔尼特判断敌舰是去攻击商船,于是抢先在德舰和船队之间占据了有利位置,航行在船队前方10海里处,驱逐舰被派去增强巡洋舰,当天中午12时刚过,"贝尔法斯特"号的雷达又捕捉到了目标,3艘英国巡洋舰再次与德舰相遇,这支巡洋舰队现在得到了4艘驱逐舰的支援,双方在朦胧中进行了第二次短暂的交火,3艘巡洋舰同时开炮,驱逐舰发射了鱼雷,这场炮战进行了20分钟,但因射击位置不好,无一命中,"诺福克"号中弹2发。

贝少将因有令在先,不敢恋战,更怕对方是战列舰,所以掉转航向高速驶往挪威,他一点也未觉察到,英国的另一支舰队恰好在这个方向,这样就一头撞进了陷阱。"约克公爵"号正迅速向德舰队逼近,在双方接近到20海里时,它的雷达锁住了"沙恩霍斯特"号,作为前锋的4艘驱逐舰做好了发射鱼雷的准备。16时50分,弗拉瑟令"贝尔法斯特"号以照明弹指示目标,"约克公爵"号和"牙买加"号同时开炮。

驱逐舰"蝎"号的一名军官写道："当第一发照明弹使敌舰从黑暗中显露出来时，我看到，它的炮塔寂然不动。就在这一刻，德舰被一面涌起的水墙遮住了，这是'约克公爵'号35厘米口径大炮的齐射。当'沙恩霍斯特'号再次被照亮时，它的炮塔已经变了样。""牙买加"号上的一名军官回忆说："在我舰进行了两三次侧舷齐射后，敌舰才还击。先打来的是照明弹，海上被照得如同白昼，……当我们刚刚回到黑暗中，就看到了敌舰28厘米口径大炮齐射的耀眼闪光，接着便是如雷鸣般的隆隆声，还有在四周乱飞的弹片的啸声。这时我方的15厘米口径大炮再次侧舷齐射。几秒钟后，在水天交接处，出现了同样的刺目闪光，这次我领教了德国榴弹的厉害，它激起的水柱有舰桅那么高，而且离'约克公爵'号是如此之近。"

布尔尼特的巡洋舰队因"谢费尔德"号发生故障而减至两艘，从北压向"沙恩霍斯特"号，弗拉瑟的舰队从南方逼向德舰，贝少将受到两支舰队的夹击，下令全速脱离接触。可是这次未能办到。17时24分，他发出了电报："我已被敌重型舰只包围。""沙恩霍斯特"号的瞄准装置已被打坏，不能准确射击，英舰的火炮靠着雷达的指示，频频命中德舰，52次侧舷齐射有31次命中，德舰上的两座主炮塔被摧毁，蒸气管道中弹，航速大减。

17时40分，战斗成了两艘巨舰之间在黑暗中的一场决斗，除了对方炮口发出闪光时，双方谁都看不见对手，英方拥有雷达，占了很大优势。英巡洋舰因射程近不能参战，"牙买加"号的15厘米口径炮弹在远距离又不可穿透德舰的装甲，仅是"约克公爵"号与"沙恩霍斯特"号在万米距离上一轮又一轮地互射。目击者描述道：

"这好似一场巨人之间的搏斗，双方发泄着仇恨与暴力。每当'约克公爵'号开火时，'沙恩霍斯特'就好似作出回答一般，炮口上闪出火光。在我舰35厘米榴弹飞向敌舰时，德舰28厘米炮就马上隆隆作响，接着是爆炸声和吓人的弹片啸声。有一刻我以为'约克公爵'号中弹了：当三发28厘米炮弹在舰旁爆炸时，我看见舰的前部出现一团火光，把舰桥都照亮了，而这实际只是1号炮塔射击时炮口的火光。"

18时24分，贝少将发出最后一份电报："我们将战斗到最后一弹。""沙恩霍斯特"号上最后一座能射击的主炮塔也沉寂下来。因距离过近，英舰的榴弹不能穿透德舰坚固的侧舷装甲，弗拉瑟下令停止射击，拉大与目标的距离。赶来的驱逐舰在烟雾掩护下从2700米的距离发射鱼雷，"沙恩霍斯特"号躲避不及，被其中一枚命中，行动开始变得迟缓，这又给其他英驱逐舰发动鱼雷进攻提供了机会。在发射的12枚鱼雷中，至少有3枚命中。"沙恩霍斯特"号现在只能缓缓移动了。驱逐舰撤离后，"约克公爵"号和"牙买加"号在9000米之外再次进行炮击。"'沙恩霍斯特'号上一定变成了水深火热的地狱，我旗舰35厘米的炮弹命中德舰或反弹起来开花，大火和爆炸如同闪电一般照亮了黑夜，开炮时沉闷的轰鸣声回荡在冰海上，德舰仍以残存的中口径火炮进行零星的还击。"

19时30分，"沙恩霍斯特"号只剩下燃烧着的躯壳，时速只有5节，舰的上空笼罩着一片烟云，成了夜海上的活靶子，弗拉瑟下令"以鱼雷击沉目标"。英巡洋舰从德舰的两侧施放鱼雷，多发命中。驱逐舰也加入了鱼雷攻击。在这场交战中，"沙恩霍斯特"号中35厘米重炮弹30发、15厘米炮弹数10发、鱼雷11发，因构造坚固，迟迟不下沉。19时45分，舰身内连续发出剧烈的爆炸声，"沙恩霍斯特"号开始下沉，它的1968名官兵中，只有36人被英国舰船救起，其余全部葬身冰海。

计划不周、缺乏侦察、犹豫不决是导致德国海军这次惨败的因素，英方的胜利则是因为情报准确、指挥得当。这一仗也是海军史上最后一次大型军舰在没有潜艇和飞机的配合下，以传统的炮战击沉对手的战例。因冬季飞机起降困难，英方没有出动航空母舰。

12月27日，重兵保护的JW55B号船队进入苏联的科拉湾，此后，德国再未出动水面舰只攻击前往苏联的盟国船队，在大西洋和挪威海都未再发生大型水面舰只的交锋。

九
海空争夺战

德国海军不仅要对抗盟国的空军,还要对抗戈林的权势。

第二次世界大战中,在地球另一侧的太平洋,美日海军除打过少数几次纯粹的海战外,在大多数情况,都是以舰载飞机交战。大西洋方面的情况很不同,盟国方面掌握着绝对的空中优势,而且由于戈林的专横,德国海军不仅没有作战航母,甚至也没有真正的海军航空兵。在争夺制空权的战斗中出现了一边倒。德国空军只能从法国和挪威的基地起飞,于欧洲近海上空协助海军从事有限的作战,德国空军缺乏远程作战飞机,也限制了德国在大西洋上空的作战能力。

海空军之间不能够和不愿意进行协同作战,是交战双方的通病。其实,对德国潜艇威胁最大的是飞机,它控制着天空。这种制空权加上先进的潜艇探测装置,使得德国潜艇几乎不敢在水面航行。白天,它们在大西洋中部和北部只能潜航,只有在晚间数小时内可浮出水面充电。由于水下航行的速度远低于水面航速,潜艇无法执行对护航船队的侦察任务。即便发现敌船,也因不断地被敌机迫入水中，而失去接触。如果潜艇处于不利的位置，几乎没有机会向船队发射鱼雷。但是，飞机对海战的重要性未获充分认识。皇家空军急于进行纯粹的空战，在大西洋之战的初期没有专用于反潜的飞机，机组人员在战前没有受过专门的反潜训练。只能在白天及温和的天气进行搜索。美国空军不愿将巡逻机划归商船护航队管辖，经冗长的协商之后，海军同意将同等数量的新飞机与之交换，终于达成一致。德国空军亦如此，戈林大权独揽，反对海军发展航空兵，造成德国海军在侦察和作战方面频频受挫。德海空军之间发生的争权夺利的斗争也影响了装备的发展。亨克尔177式飞机的发展过程即是例证。这一机种是1934年作为远程轰炸机开始研制的。最初制成的多尼尔9型和容克89型都因基本设计不合乎要求而被放弃，1938年设计师亨克尔研制成He-177型飞机，海军对这一机种产生了兴趣，认为它可为潜艇战提供远程侦察。最早制成的少量样机不能满足要求，进行了大量改进。随着戈林权势的膨胀，他提出了所有飞机都归空军的口号，亨克尔177型也不能例外。空军垄断了所有飞机的研究工作，而且有权决定其他军种何时可以得到所需要的飞机。

1939年9月1日，由空军少将汉斯·利特尔少将指挥的原拟装备"齐柏林号"航空母舰的16个中队，以及3个运输机中队划归海军司令部管辖。这些飞机的作战分别受西部舰队司令萨尔维希特海军上将和东部舰队司令阿尔布莱希特指挥。上述16个中队共有作战飞机154架。其中有144架在1939年9月可投入使用。机型有阿拉多196型、亨克尔59、60和115型、多尼尔18型。1940年夏，康多尔四引擎远程飞机进驻里昂机场，这种飞机是按民用机的设计为基础研制的，它可深入大西洋进行侦察活动，报告护航船队的位置，

戈林视察空军部队

并为附近的德国潜艇进行无线电导航，在确保完成首要任务的情况下，兼轰炸任务。投入作战的最初两个月中，它们击沉了30艘船只，计11万吨。

德国海军1941年1月25日的"备忘录"第三条，指出："要进行有效的海战，必须有空军的密切配合，空军既可担任侦察任务又可直接参战。具体任务有：近海防卫（离岸300海里之内的海域）、护航和猎潜、为潜艇作战提供远程侦察、支援水面舰艇作战。"后两项任务是在占领法国而获得更有利的基地之后才承担的。空军的海上作战指挥部和海军司令部达成了一致意见，在作战海域和敌运输船队的航线上加强远程侦察。由于以法国南部港口为基地的水面舰只对敌运输船队进行的突袭日趋频繁，就更需要这种侦察作保障，利用它为德国海军水面和水下的作战提供一幅清晰的大西洋上的敌情图。1941年1月，希特勒下令将空军第40航空队划归海军指挥，协助从事远程侦察和轰炸任务。因缺少良好的训练和导航，常是潜艇为飞机指引航向。德国在较远海域的海上空袭活动主要是在法国获取基地之后才开始的，侦察和作战的区域限于英国东海岸及挪威海。

海军对隶属于它的航空兵的要求是：在北海海域，进行近海侦察、护航和猎潜，需有两个机群。为了增强英吉利海峡东段的安全，部署一个舰载机中队。在西段，为完成同样的任务，部署两支海岸机群和一个侦察中队及一个舰载机中队。在波罗的海入口处，部署两个中队，担任海上警戒和猎潜。远程侦察中队要装备航程最大的飞机。邓尼茨也多次通过海军司令雷德尔向总参谋部要求将远程侦察中队直接划归潜艇司令部而不仅是进行配合。他称远程飞机是

"潜艇的眼睛"，要求每日必须出动12架远程飞机搜索战区。

更为经常的是潜艇和飞机互相指引航向。例如在1941年1月9日，U-37号潜艇在距圣文森特角160英里处发现了从直布罗陀开往英国本土的BG-53护航队，在艇长厄恩指挥下击沉2艘，他同时召来了6架康多尔式轰炸机，又击沉了5艘。同月，根特·普里安的U-47号潜艇在更为靠北的海域发现了向西行驶的一支船队，他在召唤克莱其默U-99号艇的同时，也将精确位置通知了空军第40大队，在这次伏击中，2艘潜艇击沉3艘船，飞来的6架康多尔式轰炸机炸沉了9艘，炸伤了2艘。在一周前，一架康多尔发现了一支向西航行的运输船队，招来了1艘潜艇，该艇组织了"狼群"跟踪，当船队越过西经20度散开之时，"狼群"猛扑上去，击沉了9艘船。

远程侦察在战役和战术层次上都非常重要，对于前者，它使最高指挥官了解大局，对于后者，它提供了有关目标的最重要的情报。通常，执行这一任务的飞机是按中队编成的，下辖12架飞机。

第40航空队划归海军指挥后，发展为德国海军在大西洋之战中的侦察骨干，根据新的作战任务进行了扩编，装备了亨克尔111式飞机。德国空军通过总参谋长约德尔向希特勒转交了一份建议，要求设立自己的远程海上侦察部队，结果被否决。此后，海空两个军种之间的矛盾变得尖锐了，空军不再向海军远程侦察部队提供先进的武器。

第40航空队自开战以来进行了有效的侦察，并于1940年的冬季开始直接参加对盟国商船和护航舰只的攻击。在1941年的1、2两个月份，击沉敌船147万吨。被击伤的有8万多吨。1941年春天，

德国亨克尔111中程轰炸机

另一项重要任务就是为陷入困境的"俾斯麦"号提供空中保护。盟国船队航线不断西移，尽量远离康多尔式飞机的活动半径，而且逐渐配备了载有战斗机的航空母舰，这种变化，往往使得康多尔式只有在快耗尽最后一滴燃料时才能发现敌船队。一些飞机为此大量削减了装弹量，以增加携载的燃油。飞行员一般要持续飞行18小时，在航行期间，还要监视海空中的情况。以对出入直布罗陀的盟国船队的侦察为例，要由驻波尔多的康多尔式远程侦察机跟随它们到高纬度海域，随着航线的北移，要一直追踪到极区冰山的边缘，然后在挪威的机场加油维修，一天之后再飞回波尔多。康多尔式常与在速度和数量上占优势的敌机相遇，损失越来越大。

负责为潜艇作战提供远程侦察的还有第5远程侦察大队，它建于1943年7月。以适合于海上作战的容克290式取代了以前的多尼尔式飞机。下辖三个中队，共40架飞机。

出动飞机主要是根据两种情况，一是获得了有关船队的消息，一是应潜艇部队之请求。在得到有关敌船的消息之后，往往要派出多至15架飞机分头搜索，以确定其精确位置。在没有遭遇敌战斗机的情况下，机群在预先规定的空域集合返航。如有遇到敌战斗机的危险，就由战斗机在其最大航程之内护航。侦察机上配备有优良的无线电导航装置，与天文导航相配合，当飞机驶回波尔多时，如果导航装置失灵，皮拉附近的白色沙丘就成为最好的导航标志。可是仍没有用于搜索敌船的有效设备，正在研制的电子侦察设备既不可靠，操作又非常复杂，所以当发现目标之后，飞机要在敌船上空停留很久，不断向潜艇司令部报告方位，在燃油耗尽之前由其他侦察机前来接替。这种保持接触的方式受到严格限制，为尽可能地节省燃油，禁止对目标进行攻击。当亨克尔 117 式飞机投入战争后，航空兵的重点任务由侦察转为攻击，这一转变除因为该机具有较强的武器和先进的战术之外，也是因为潜艇的作战能力未能同时提高，不能有效地攻击侦察机所提供的目标。

几份回忆很能说明当时的战况。

德空军中尉迪尔希斯的回忆：

1940 年 10 月 20 日，航空侦察发现苏格兰东岸有一支大型船队向北驶去，我所在的驻在法国比劳的第 506 中队立即进入战斗状态。四架亨克尔 115 式鱼雷飞机投入战斗。尚在夏季时，由莱兴中校指挥的这个中队已经在英国沿海的鱼雷作战中取得了战绩，这天下午，四架鱼雷机轰鸣着起飞时，谁也没有料到我们会在这次攻击中取得巨大成绩。这些飞机在黑暗之中波浪滔天的海上低空飞行，透过挡风玻璃只能看到巨浪顶峰的白色泡沫时隐时现。飞机都朝着还有一丝亮光的西方飞去。

巴尔特中校第一个发现了船队，数不清的船只列队而行，周围有大量护卫舰只，由于发现敌船队太晚，鱼雷机必须改变航向，以便重新进入攻击位置。当调整好位置后，随着距离的缩短，驾驶员和投弹手眼前的敌船轮廓越来越清晰了。鱼雷机贴海面疾飞，进入投弹距离后又调整了高度，每架飞机都在瞄准镜中抓住了一艘敌船。几乎同一时刻，四名指挥员发出了"投弹"命令，鱼雷脱离了弹架，穿入水中，就在这一刻，多艘船上发出了闪电一般的亮光，敌船开始回击了。四机紧贴水面，改变了航向。听到报务员喊了一声"鱼雷命中"，同时，飞机也被打中了，驾驶员报告，"飞机无法继续飞行，要紧急迫降"。我的耳机中还传来"升高，升高"的呼叫，可飞机的浮动装置已经发出与水面接触的轰响，飞机在水面上颠簸了三四次才落下来，漂浮在水上。这次迫降是因为有了侧风才幸免于难。

就在迫降的同时，中队长座机的鱼雷击中了敌船，在船的中部爆炸，受重创的船已经停了下来，浓烟滚滚。巴尔特中校座机的运气不错，他的鱼雷击中了一艘6500吨的货船，正中船的中央，与第一艘伤船一样，货船停了下来，侧倾，紧接着是一声燃料爆炸的巨响，撕烂了一侧船舷，又过了约六十秒钟，船就从水面上消失了。第四架鱼雷机也击中了一艘敌船，使之燃起了熊熊大火。商船和护卫舰的防空武器喷射着阵阵弹雨，但进行了成功袭击的三架鱼雷机安全驶离了。

剩下我所在的这架受伤的飞机在海面上时浮时没。报务员费力地打开充气救生艇，这时领航员喊道，"我们试着起飞"。在风大浪涌的海上，能否成功完全凭运气。我令报务员收起救生艇，试着慢慢加大油门，然后开足了马力。受了伤的飞机似乎已经被敌人发现，商船和护卫舰上射来机枪子弹。飞机蹒跚着离开水面，挣扎着飞了一圈，但是又马上摇摆坠落，机内的乘员互相碰撞成一团。飞机离浪峰只有一米了，可是机组稳住了局面，控制住高度，飞机又一米一米地爬高，艰难地向在挪威施塔万格的基地飞去。

次日的国防军报告中是如此记载的："在1940年12月14日的黄昏时分，我鱼雷飞机在英国东海岸附近击沉三艘重兵护航的敌船，总吨位两万吨。在1940年下半年，506中队共击沉敌船124000吨。"

德国飞艇也投入了北大西洋作战,一名飞艇操纵手回忆道:

我们的飞艇在极区的冰山上缓缓盘旋着,逐个地搜索着,冰山之顶覆盖着白雪,冰山的半腰雾气迷漫,但还是能够看清下面的动静。为了安全的缘故,我们保持在800米的高度。漂浮在云层之上,不久我们在云缝中望到了海岸,透过一个云洞,发现了下面有敌人的一个气象站,有人在四处跑动,我决定进行攻击,投弹瞄准镜已经失灵,我以目测方式将四枚50公斤炸弹投向目标,结果均未命中。我下令用艇载机关炮进行扫射,效果不明。进行轰炸和扫射之后,我们不能再恋战,继续向北飞行,测定浮冰边际的变化情况。只是在飞离的时刻,我才意识到冰山的雄伟壮观,观察哨报告,飞艇已中弹多处。艇尾的机关炮也被打坏了。乘员对整个飞艇进行了检查,破坏不严重,发动机和油舱都未中弹,我向在挪威特罗姆瑟的基地报告了发现的情况,指挥飞艇继续前进。敌人的防空火力必定是掩蔽得极好,很可能是设在气象站周围的高地上。经四小时在暗夜中的航行,我们飞抵基地。这时已有另一艘飞艇待命援助我们。这次出击使得英国人不敢将气象站再向东推移。他们还在该站以南的一个干涸咸水湖上建立了一个战斗机简易机场。

上尉卢普莱希特回忆说:

最大的障碍是天气情况摸不准，大西洋多变的气候常使作战行动夭折，尽管飞机的战区西移，但对大洋西部的天气情况无法预先掌握。多云的气象固然可以使飞机得到隐蔽，但也使它们难以实施进攻。为了抓紧战机，缩短飞机起飞到集合之间的时间，各机场采用了以两条跑道同时起飞的方式，这种方式对提高重型飞机作战效能尤为明显。

盟国对船队的空中掩护日益周密，以潜艇跟踪敌船往往因潜艇被飞机迫入水中，只能从空中进行侦察。潜艇根据预测的敌船航线，事先于水下集结，占据有利的进攻位置。这种作战方式要求飞机尽早发现敌船，并在8至12小时内持续地用无线电报告。

当时能胜任此任务的只有容克290式飞机，该机易于驾驶，乘员对其性能十分有信心，因载有18000升汽油，它的主要缺点就是被击中后易起火。埃克尔少校回忆说："我感到吃惊的是，第5大队所装备的竟是清一色的陆上飞机，其中第1中队来自俄国战场，它已受重创。侦察的效果如何要凭运气和驾机的熟练程度。他们在大洋上空飞行20个小时，深入到西经30度，观测员多来自海军的其他部队，领航员多来自俄国战场，曾经驾驶过多尼尔217型机，惯于每次只执行4至5小时的飞行任务。他们在心理上也不适应，因为他们原来的飞机在性能特别是高度上优于敌人，而现在他们所驾驶的新飞机不是英军"闪电"式的对手。当时所装备的"容克"机几乎无法补充，要避免任何冒险，特别是减少在比斯开湾上空的飞行。

在一年中，士气日益低落，飞行员每次探亲总是目睹本土所遭受的严重破坏和亲友的伤亡，返回挪威后面对的又是沉寂的大海和单调的任务，开始以酒浇愁。

驾驶员舒曼中尉回忆道：

第一班巡航飞机是在凌晨 2 时起飞，大都以一千米高度作环状航行。使用望远镜可搜索五十海里之内的目标。在第四次巡航时望远镜中出现敌船的轮廓，有大有小，似乎还有一艘小型航空母舰，我们拍了照片，在敌船第四次改变航向之后，我们最后一次报告了敌船的位置。海风越来越强劲，是偏西风，风向极为有利，而且还有足够 6 小时飞行的汽油。我与前来接替的飞机通了话。在向南改变航向之后，降低了高度，飞临西班牙西北部的奥特加尔角，再改为直向东飞，约 21 时，在蒙特马散降落。之所以不直飞基地，是为躲避危险，英国空军能够侦察到我们在这一带的行踪，并在直布罗陀和爱尔兰之间设伏截击。

我们在比斯开湾附近长达 4 小时的航程中，为了不被雷达发现，只能把高度压到 100 米。由于执行长时间的海上任务，飞机受到盐分的腐蚀，最前方的挡风玻璃尤甚，使得夜间低空飞行时的风险增加了。有时不得不升高，领航员、机械师、观测员和报务员在这种飞行中都十分忙碌，在白天，因为监视防范敌机，眼睛已极度疲劳。夜间也不容松弛，为提神，纸烟和巧克力是必备的，燃着的纸烟在 50 海里之外就可被发现，采取了预防措施。

最艰难的还是白日航行，我记得有一次从法国洛里昂起飞远航冰岛地区执行任务。在这之前要从蒙特马散赶赴洛里昂，再于凌晨4时30分从该地起飞，先直飞爱尔兰南方，这样，巡航路线显得更为便捷一些，突然在右侧发现一队杂乱地飞行着的四引擎"星座"式和其他飞机。我们赶紧降低高度，贴近海面，我要求观测员一旦发现水面上有螺旋桨扇起的旋涡就马上报告。飞行高度不及40米，我们幸运地躲过了这批有二十多架飞机组成的敌机群。

我所下的不准射击的命令一直被严格地遵守，直到一架猎潜机直朝我们飞来，不知为何又立即转向而去，在这一刻，前炮塔的射手开了两炮。由于没有引起对方什么反响，大家都松了一口气，可以想象，如被发现了将是什么后果。在这一地区，我们还可以高高在上地观看容克88和密塞施米特110式飞机同英机的空中搏斗。与敌机的突然遭遇已造成三名乘员阵亡。

我们的先遣机已起飞12个小时了，正等我们去接替，飞抵目标上空时，是凌晨1时。以照明弹投在敌船队的西侧后，我们钻入了云层，而此时云层下的黑夜已经成了白昼，三十多艘敌船上的探照灯同时打开，把夜空照得雪亮，但没能发现我们。就在这一刻，报务员收到刚离去的飞机发来的电报"J……J"，这是警告我们周围有敌战斗机。接着又是一片闪光，我们再也收不到友机的信号了，它刚刚被击落。在这种时刻，必须有极强的控制力，我知道有些过去一直执行攻击任务的飞行员常会控制不住自己而冒险驾侦察机攻击这样的船队。在经过21小时航程重新降落在基地时，油舱里的燃料几乎耗干了。

对敌船队的最后一次攻击是以波尔多起飞的四引擎亨克尔177轰炸机进行的，我们已对那支巨大的船队跟踪数日之久，它由从直布罗陀、亚速尔群岛和大西洋西部驶来的船只组成，向北海驶去。我们对它进行不间断的侦察，报告每一次航向的改变，以重新确定其位置。一般允许在精度上有20海里的误差，因为有时船队会逆原方向行驶。我是最后一架侦察机，在飞机下方便是两艘敌驱逐舰，两架亨克尔177飞抵，从第一架上发射出一枚制导炸弹，指引炸弹的红色光束清晰可见，炸弹直落舰尾，第二艘驱逐舰也以同样的方式被击中。

撤出法国之后，丧失了在该国的前进基地，远程侦察大队所辖单位并入在德国南部或挪威的潜艇部队。它们进出基地的通道都受到敌高射武器的威胁。为把执行任务所带来的损失减至最小，就要改进飞机性能，战争临近结束时研制了若干种新型机种。以挪威的斯塔万格、丹麦的格卢弗、德国的美明根三处前进基地进行大西洋远程侦察。为小型潜艇进行侦察的中队以斯塔万格和格卢弗为基地，采用的是Ar23型飞机，为大型潜艇护航的是从格卢弗和德国南部起飞的容克635型飞机。

1943年5月以后，德国潜艇战开始落入低潮，盟国对欧陆的海上封锁日趋严密，突破封锁也成为海军航空部队的主要任务。这时，德国军政领导人对海空军配合的问题有了新的认识，1943年9月7日空军司令部下达的《大西洋空军作战指挥指南》，其中有如下规定，空军指挥官应完成以下任务：为进出比斯开湾的我军潜艇提供空中掩护，击落该海域上空的敌猎潜飞机，并为驶返基地的驱逐舰和远程歼击机开辟安全通道。保护受伤的潜艇，特别是经过比斯开湾的重要潜艇。利用获取的情报，对在比斯开湾和大西洋的敌船队实施攻击。发现敌潜艇，并将之压制在水下。为进出港口的舰只进行侦察和掩护。以空中作战来抵消英美的海上力量优势，减轻潜艇所受到的压力。

但是，戈林不断把飞行中队从海军指挥下的空军部队抽调走，以保持在其他战场上的优势兵力。隶属于海军的航空兵力日渐减弱，盟军在诺曼底登陆后，这些部队丧失了有利的基地，并被空军抽调殆尽。盟国的大规模空袭切断了在法国和北欧残余德机的后勤补给，海军航空部队的活动逐渐销声匿迹了。

普莱希特回忆道：

> 大西洋空军指挥部下属的飞机在1944年6月7日至13日直接参加了抗登陆作战。但是这些大而笨重、航程远的飞机完全不适合这类作战，遭受重创。这一行动受到了下属的反对，这时第40大队的命运已经注定了，它因燃料供应断绝而退出战斗。在此之前，亨克尔117式已于5月调往地中海，另外一些用于攻舰。盟国对基地的轰炸次数剧增，尽管我方防空火力不强，敌投弹却很不准确，炸中的飞机很少，受损的跑道只需12小时便可修复。然而，我们的机队实际上在1944年的6月份就已是穷途末路，因为作战行动完全受制于手头拥有的燃油量，现有的两支航空兵群被毫无理智地投入了抗登陆作战。6月13日，接到命令移驻挪威的加达摩恩。两列火车满载装备和人员

离开了特隆姆瑟，而凡能够飞的飞机都自行飞赴新驻地，不能操纵的飞机予以封存，机上的武器移作他用，地勤人员并入地面作战部队。留下的少量飞机和人员，作为以后重建这支部队的基干。据官方材料统计，第 40 大队在 1943 年 7 月至 1944 年 6 月期间的战果是：共击沉 19.4 万吨敌船，击沉 7 艘驱逐舰，击伤 17.4 万吨敌船、3 艘驱逐舰，及轻重巡洋舰各一艘，击落敌机 26 架。

十
德国与日本的水下联系

在二战的大西洋战场,有一个万里之外的角色悄悄潜入,这就是日本海军。

战争形势的发展,使德日之间的海上联系变得十分紧迫,但面临日益增加的风险。1941年以后的三年内,仅有15艘德国运输船突破盟国的海上封锁,将57000吨的物资,如雷达、密码机、通信设备和武器技术资料等运往日本;同时,有16艘从日本开来的商船突破封锁,为德国带来111490吨的物资,包括钨、橡胶、钼等战略物资。1944年1月5日,满载物资的德国商船"布尔根兰"号在南大西洋航行时,尾随而至的美国轻巡洋舰"奥马哈"号将其击沉。这是德国最后一次尝试用水面舰艇突破盟国的海上封锁,向远东日本控制下的港口运送物资。

随着战争的扩大,德国对远东的战略物资如钨、钼等的需求飞速增长,而日本则迫切需要德国提供先进武器的技术资料,以对付在太平洋节节推进的美军。当水面航线变得十分危险时,要维持两国的联系,只有使用大型远洋潜艇建立一条秘密的水下运输线。

自1942年，日本加紧建造更大型的潜艇，以满足对美作战的需要，并建立与德国之间的水下秘密运输线。二战期间，排水量超过3000吨以上的潜艇在全世界仅有56艘，日本就占了52艘；日本拥有65艘航程超过18000海里的远洋潜艇，而盟军一艘也没有。在日本，从德国往日本的海上运输被称为"柳输送"，从日本往德国的被称为"逆柳输送"。担任输送主力的是日本潜艇，因为日本潜艇的运输量更大。

第一次潜艇输送实施于1942年4月11日，イ-30号（3654吨）潜艇从吴港出发，携带着日本航空鱼雷的设计图和一架零式小型水上侦察机。8月2日，日本潜艇イ-30进入比斯开湾，在西班牙奥特加尔角外，与担负空中掩护任务的德国空军的8架容克JU-88轰炸机会合，8月5日该艇在8艘德国扫雷艇的护卫下，穿越海湾的雷区，驶入德国海军第二、第十潜艇支队司令部所在地洛里昂。雷德尔元帅和潜艇部队司令邓尼茨海军上将举行了欢迎仪式。德国人从イ-30上卸下了3300磅云母、1452磅虫漆和日本军事装备，イ-30进入该港16个防弹掩体中的一个，并将艇身漆成和德国潜艇一样的灰色。德国潜艇专家彻底检查了日本潜艇，认为其发动机和艇身的噪音过大。德国为イ-30艇装配了被动式雷达探测器及毛瑟Flak38四联装20毫米防空高炮。イ-30艇全体官兵前往柏林，希特勒向艇长远藤信夫中佐颁发了铁十字勋章。8月22日，イ-30返航，运回的物资包括一套完整的Würzburg地面防空雷达及其图纸、5枚G7a航空鱼雷、3枚G7e电动鱼雷、5部鱼雷数据计算机、240枚博尔德声呐干扰弹、火箭和滑翔炸弹、反坦克炮、蔡司防空高炮指挥仪和200门20毫米防空高炮，最重要的是该潜艇还载有价值1亿

德日潜艇在大西洋中部会合

日元的工业钻石和50部绝密的英尼格玛密码机。イ-30于10月13日到达新加坡。14日再次出航,因保守航行机密而没有通知相关部门以获取港口外的扫雷情况,出港不久即触雷沉没。

1943年5月10日,德国的U-511号(1232吨)潜艇从法国洛里昂出发,上面满载水银、铅、铝、未切割的光学玻璃,以及鱼雷艇发动机、ME-163战斗机图纸等。沿途U-511与"乳牛"(德国远洋补给潜艇)会合,并击沉2艘盟国商船,于8月7日到达日本吴港。该艇为赠品,德国希望日本接收后以它为蓝本制造打击盟军运输线的潜艇,但日本方面对此类任务不感兴趣,于9月6日接收了U-511并改名为吕-500,研究一番后就留用到了战争结束。

1943年6月1日,日本的イ-8号(3538吨)潜艇从吴港出发,上面装载了氧气鱼雷、潜艇自动悬浮装置、最新水上侦察机、无气泡鱼雷发射管,另外还搭乘了另一组潜艇乘员,准备在德国接收新潜艇。在新加坡装载了80吨生橡胶、80吨钨、50吨锡、2吨锌和3吨奎宁和鸦片。8月31日,经过长途航行抵法国布雷斯特。德国西线海军集群司令西奥多·克兰克海军上将接见了イ-8艇员。在停留的一个多月的时间里,德国海军司令邓尼茨元帅接见了イ-8艇长,艇员游览了巴黎。10月5日,イ-8由2艘扫雷舰护航离开布雷斯特,艇上的货物包括6挺德国莱茵金属—博尔西公司的MG131机枪及其弹药、4联装20毫米Flak防空高炮、俯冲和水平轰炸机轰炸瞄准具、一台戴姆勒—奔驰鱼雷艇发动机、电动鱼雷、雷达声呐设备和青霉素。艇上还载有驻柏林的日本海军武官横井忠雄和驻法国的海军武官细谷介休大佐及3名德国海军军官、1名陆军军官和4名雷达与水中听音器技术专家。10月6日,德国8架JU-88飞机为イ-8提供护航。イ-8穿过赤道后向德国拍发了位置报告,盟军截获了该份报告并用高频测向仪测出了该潜艇的位置。次日イ-8遭到反潜机的攻击,但紧急下潜逃脱。在通过气候恶劣的有"咆哮的西风带"之称的大西洋海域的时候,风暴损坏了イ-8的舰桥。12月5日抵达新加坡短暂休整后,イ-8潜艇开始了返回本土的最后一段旅程,并在12月21日安全抵达吴港,总航程63000多公里,是唯一一次完美的全程往返。

1943年10月13日,日本イ-34号(3654吨)潜艇从吴港出发前往德国,于新加坡装载了生橡胶、锡和钨等物资。11月13日清晨,在槟榔屿南50公里遭到英国海军"金牛座"号潜艇攻击后沉没,仅14人生还。

1943年11月5日,日本イ-29号(3654吨)潜艇从吴港出发,同行还有新任日本驻德副武官在内的16名军官。途经新加坡时装载的物资包括80吨生橡胶、80吨钨、50吨锡、2吨锌和总计3吨奎宁、鸦片、吗啡。在新加坡,他们遇到返航的イ-8,从上面接收了德制雷达波探测器。1944年3月11日抵达洛里昂,休整一个月,装载了雷达、发动机、ME-163和ME-262战斗机设计图纸后,于4月16日开始返航。进入太平洋后,7月26日在巴士海峡被美国海军锯鳐号潜艇击沉。

1944年2月15日,德国海军向搭乘イ-8而来的一组日本艇员移交了U-1224号(1257吨),并改名为吕-501。3月30日吕-501从德国基尔港启程,装载了水银、铅、铝、未切割的光学玻璃、IXC潜艇图纸和ME-163战斗机图纸,以及数名从德国深造返回的技术军官。5月13日,吕-501在大西洋佛得角群岛西北海域遭到美军"博格"号航母舰载机攻击,最后被美国驱逐舰"弗朗西斯·罗宾逊"号用深水炸弹击沉。

往返于德日之间的远程潜艇中,以U-234艇和イ-52艇最为著名。

1944年3月10日,日本イ-52号(3644吨)潜艇从吴港出发,艇上搭载了120吨锡、60吨生橡胶、9.8吨钼、11吨钨、2.2吨黄金、5.2吨鸦片、54公斤吗啡,在大西洋与德国潜艇会合后,不久即被美国飞机炸沉。这是日本潜艇最后一次驶往欧洲。

イ-52于1944年6月24日被美军舰载反潜机的MK24航空鱼雷击沉于西太平洋北纬21度/西经40度的海域,是唯一损失在万里之外的日本潜艇。该艇1943年于日本佐世保海军造船厂竣工,排水量达3644吨,是一种大型远洋潜艇,能运载300吨货物,携带3个月的生活给养,在中途不加油的情况下航行19000海里,超过了从横滨穿越太平洋到洛杉矶的往返距离。为了实现水面高速航行,イ-52采用超过10:1长宽比的细长型艇体,采用双壳体设计,动力设备为2台日本自行设计生产的舰本式柴油机,单机功率7000马力,双轴推进。如此大的动力加上良好的船体造型,使得イ-52水面航速达到23.6节。

1944年1月20日,日本海军副参谋长电告日本驻柏林海军武官:イ-52号将于3月16日从日本佐世保起航,途经台湾海峡,将在日本占领下的新加坡装载德国急需的战略物资锡、钼、钨等贵重金属228吨,鸦片3吨,医用奎宁3吨,生橡胶54吨。此外,还有分装在49个金属密封箱内的2吨黄金,运往日本驻柏林大使馆金库。日本要求德方做好护卫和接收准备,确保万无一失。

イ–52的货物清单中还有一份机密文件要直接送给日本驻德大使，并由他转交希特勒，这是此行最为重要的任务。因为自从1942年夏季，日本海军连连败北，为了扭转太平洋战场上不利的战局，日本急切地希望从盟友德国那里得到最先进的军事科学技术，以早日结束太平洋上的噩梦，这项技术就是原子弹。イ–52上的那份绝密文件，是日本向希特勒提交的日本原子弹发展计划书。

1943年2月27日，由于当时德国设在挪威的重水工厂遭到了英国特种部队的破坏，德国发展原子弹武器的计划严重受挫，希特勒认为V2飞弹以及喷气式战斗机这样的武器，能够赶得上二次大战的进程，而原子弹的研制耗时过久，须暂时中止。而在太平洋战场上，日本对于原子弹日益渴求，他们要求德国提供500公斤氧化铀，还希望得到德国原子弹技术方面的图纸。

在司令官宇野龟雄的指挥下，イ–52于1944年3月16日离开日本佐世保军港，秘密驶往控制在德国手里的法国港口洛里昂。由于此行关系重大，在柏林和东京之间频繁出现了大量与之相关的文电来往，德国对イ–52的艇型并不了解，他们要确定相应的行程以及会合地点，就要弄清イ–52的细节特征。自以为密码电讯万无一失，德方为了准备迎接イ–52的庆典仪式，竟然要求东京回答イ–52的乘员数量及其职务和姓名，东京则是有问必答。这样，盟军情报人员不仅知道了イ–52的行程，而且也掌握了潜艇的人员编制，对它的行踪一清二楚。1944年5月，日本电告德国，イ–52将于6月初抵达大西洋中部海域。5月23日，德国派出U–530潜艇从法国波尔多港出发接应イ–52。6月9日，U–530接到命令："6月22日日落之后，到北纬15度、西经40度与イ–52会合。"

自イ-52从新加坡起航后,它的通信联络就一直处于盟国情报部门的监听之下。盟军在5月10日该潜艇到马达加斯加南部之后,开始了对它的精确定位。主管大西洋护航与反潜的位于美国华盛顿的大西洋第10舰队作战指挥室里,参谋人员已在大西洋的海图上标出了イ-52的精确位置,他们也掌握了イ-52潜艇中的货物清单和军事技术专家的名单。随即,美国海军猎潜分队接到指示:开往北纬15度、西经40度的位置设伏,猎杀该艇。而イ-52对此没有丝毫的察觉。

盟军有两个方法可以确定敌方潜艇的大致位置。首先,盟军的情报单位破译了德军及日军的密码,可以通过敌方的通讯获悉轴心国潜艇位置。另外,当时的潜艇要依赖高频无线电与指挥部或其他潜艇联络。盟军在大西洋多处地点设立高频测向站,可以通过两三个测向站定位使用无线电的潜艇位置。两个渠道提供的情报资料必须迅速地加以分析,然后通知距离较近的猎杀小组,不然敌艇就会远离原来的位置,情报也就失去了价值。为此,美国海军特设大西洋第10舰队指挥部,这个单位根本没有舰艇,其功能就是作为美国及盟国海军在大西洋的反潜作战指挥中心。所有情报单位提供的有关敌军潜艇位置的资料,均集中于此,根据这些情报,随时追踪和确定敌艇位置,并指挥最接近的盟军舰队前去猎杀。

6月4日,イ-52穿过了赤道。两天以后,盟军在诺曼底登上了欧洲大陆,德国对法国的占领处于风雨飘摇之中。6月15日,イ-52通过高频无线电与德国海军U-530号潜艇联络会合地点,再次被盟军的高频无线电测向站定位。6月23日19时30分,U-530首先到达会合点。23时15分,声呐接收到了イ-52螺旋桨的搅动声。5分钟后，德国潜艇浮出海面，双方都立刻发现了对方。经过两小时的紧张忙碌，U-530上的3名德国海员和无线电定位仪被送上イ-52，以引领イ-52安全穿越后面更为危险的海域，驶达目的地。任务的初步完成使双方官兵都沉浸在极度的兴奋之中。U-530驶离后，イ-52的艇员还在享受海面上的新鲜空气，他们并没有意识到死神正在一步步向他们靠近。

在离イ-52潜艇50海里的海面上，22时03分，美国海军第10舰队的小型护航航母"博格号"的飞行甲板上，4架鱼雷攻击机起飞。这支编队的鱼雷攻击机上都装备有当时最先进的反潜设备，包括机载雷达、声呐浮标和Mk24型被动音响制导鱼雷。23时39分，泰勒上尉驾驶的飞机机载雷达侦测到1个水面目标，在距离目标1.6公里时，泰勒投下了1个声呐浮标及2个火焰浮标，用以标记潜艇的位置。声呐浮标开启后，立刻传来イ-52发动机巨大的轰鸣声。飞机在离目标800米时，投下照明弹。在照明弹的强光下，泰勒看见了那艘很长的潜艇正紧急下潜，泰勒立刻急转180度，向目标投下了2枚深水炸弹，尽管イ-52受到深水炸弹的打击，却并没有致命，还能继续下潜。泰勒在イ-52下潜的大体位置投下了鱼雷，3分钟后，飞机上的声呐探测器仍然传来了巨大的爆炸声，接着就是一连串像铁罐被压扁的声音，然后，イ-52螺旋桨停转。为了防止潜艇逃脱，美机以鱼雷、深水炸弹对イ-52发动连续打击，最后声呐监测器中再次传来了巨大的爆炸声，イ-52船壳破裂的声音持续达1分钟之久。イ-52潜艇这艘巨无霸级的水下航母终于消失在了茫茫的大西洋中。天亮之后，美国海军在海面上看到了长达25公里长的油迹和115块橡胶。

日本远洋潜艇イ-52模型图

整个1944年夏天，柏林的日本大使馆都在焦急地等待着イ-52到来的消息，他们已经计划在德国占领下的法国港口波尔多准备好了由イ-52带回日本的战略物资，这些战略物资主要是德国最新的军事科技成果，其中包括德国的机载雷达、轰炸机瞄准器、真空电子管、精密光学仪器、航空发动机上使用的合金和至少两枚T-5声导鱼雷。除了物资，还有一些日本外交官准备搭乘イ-52回国。现在，一切计划都成了泡影。8月30日，德国海军正式宣布：イ-52失踪，可能被盟军击沉。战后，日本方面宣称イ-52潜艇上货物清单的档案已经毁于战火，但更多的人认为イ-52潜艇上有不可告人的秘密，所以日本方面至今不肯公布イ-52潜艇的档案。

7个月后，正在作垂死挣扎的德国向日本派出了最后一艘潜艇。

1945年3月25日，U-234号（2177吨）潜艇离开德国基尔港，转往挪威克里斯蒂安娜装载货物后，在4月16日前往日本。这是目前记录中德国潜艇最后一次驶往日本。U-234潜艇是远洋布雷潜艇，全艇总长89.9米，排水量1763吨（潜航排水量2710吨），是德国二战时吨位最大的潜艇，装有潜水呼吸管，可长时期潜航。共建造有8艘，主要武器为66枚大型水雷和2具艇艏鱼雷发射管（备15枚鱼雷）。1945年4月15日，U-234悄然驶离挪威克里斯蒂安娜港。此时，苏联红军正在对柏林发起总攻，德国气数已尽。来自柏林的最后一道命令要求U-234潜艇立即出海，经好望角前往遥远的日本。这是U-234潜艇的首次也是最后一次远航。

希特勒命令把尽可能多的德国顶级军事技术材料都装上U-234艇。包括装配两架Me-262喷气式战斗机的部件、一枚HS-293制导滑翔炸弹、V型导弹零件、"容克"式喷气式发动机、先进火控系统、重达1吨的外交信函等。除此之外，还有10个标着"日本陆军"字样的圆筒形容器。事后发现，这里面装的是铀化合物，总重量高达560公斤，可制造两枚原子弹。早在1943年7月，美军破译了一份日本驻德国大使馆的电报，其中提到日本请求德国为它的原子弹计划提供铀。这也是盟军首次发现日本人也有核武器计划。战争后期，日本加紧采购铀。U-234艇上的10筒铀235是日本人最迫切想要得到的货物。

此外，同时登艇的还有12名军事技术专家和2名日本军官：潜艇专家三等海佐永友英夫、战斗机专家一等海尉庄司元三。

由于盟军已破获德国海军的密码，而且全面监控着大西洋上的船只，通往日本的航线是名副其实的死亡航线。艇长费勒离开港口后命令临时调整航线，严格保持无线电静默。此后U-234潜艇连续潜航16天，其间只因为遭遇强风暴短暂上浮一次，这样得以成功避开盟军严密守候的反潜部队。

5月初，U-234与负责其联络的哥利亚信号站突然没了音讯，没多久，与设在柏林附近瑙恩的海军总通讯站的联系也中断。5月4日，潜艇断断续续收到一份无线电报文，内称德国已宣布投降，帝国海军司令邓尼茨命令所有U型潜艇立即上浮，就近向盟军投降！费勒艇长认为这可能是盟国情报部门的阴谋，于是冒险打破无线电静默，向最近的另一艘U型潜艇发出询问："我们收到一份有趣的信息。我们投降了吗？"很快传来回电："消息确凿。我们已投降！"

费勒艇长权衡再三，决定还是向美国人投降。两名日本军官自杀。5月19日，在美舰"苏顿"号的押解下，U-234抵达英国普茨茅斯港。

德日间潜艇远航涉及战略物资和高级军事技术的交流，但随着战争形势对轴心国日益不利，大势已去，德日间的这一合作不能挽回大局。

此外，两国潜艇还进行了德日之间唯一的联合作战。二战后期，德军以日本占领下的马来亚的槟榔屿为基地，成立了一支印度洋潜艇分舰队。在整个战争期间，共有41艘德国潜艇试图突破盟国海上封锁，前往远东日本控制下的港口，其中只有16艘抵达了他们的目的地，剩余25艘全部被击沉。由于1944年11月盟国海空军对槟榔屿进行了攻击，驻守槟榔屿的德国潜艇转移到了雅加达，这里成为德国海军远东分舰队新的潜艇基地。至1945年5月5日，德国宣布无条件投降。驻东京的德国海军武官保罗·温奈克将军向远东的所有德国潜艇发出自沉的暗号"彩虹"。在雅加达，伯哈根艇长召集了自己的部属，宣布德国已经向盟国投降，但U-219将不服从自沉命令，而是移交给日本海军。此时U-219已经为返航德国装满了橡胶、稀有金属等战略物资。U-219随后驶往泗水，所有德国艇员都被安置在一个专门营地内，日本海军第102维修支队全面改装U-219，使之符合日本海军要求。1945年7月15日，U-219被正式命名为イ-505，隶属南方第2远征舰队。但此时的日本海军已是山穷水尽，连操纵一艘潜艇的熟练士官都配不齐。直到战争结束，U-219即イ-505从未离开过港口。随着日本投降，1945年9月U-219被移交给英国皇家海军。

战争末期德国生产的XXI型潜艇,第二次世界大战中,德国共建造潜艇1131艘,加上战前造的57艘,共1188艘

十一
回天乏术

1943年5月以后的两年时间里,盟国海军主要从事对残存在大洋上的小群德艇进行扫荡。德国潜艇再也没有能够恢复以往的锐气,只不过是苦苦撑持而已。邓尼茨将这一转折归结于盟国在技术上的突破,并道出了所以要持续作战的原因。他评述道:"1943年5月,由于短波雷达测位仪的出现而结束了有效的潜艇战后,德潜艇不得不继续战斗,因为它们把敌方丝毫不容低估的一部分作战力量牵制住了。不然的话,这些力量就会直接压到德国本土上来。……1943年5月以后的这种潜艇战,对潜艇部队来说,是一条牺牲的道路。"

随着大西洋战局的发展,德国水面舰队日益陷入困境,在突破封锁的战斗中屡次受挫,德海军战略中原有的矛盾也更为尖锐,终于导致希特勒与雷德尔之间的关系破裂。

雷德尔是纳粹党员,但对纳粹的政策越来越反感。战争初期,他总是在正式场合佩戴金质纳粹标志。当有关纳粹暴行的传闻不断传来时,他把那徽章当众弃之于地。对希特勒专横跋扈插手海军的行政和指挥他也越来越不能容忍。加上两人对海军战略指导的分歧加深，他们个人之间的关系也日益恶化。"俾斯麦"号的沉没对希特勒的自尊心是一个巨大打击，也动摇了雷德尔的地位，他从此不得不谨小慎微，锐气全失，所有舰长都接到命令，绝不能驶入危险海域，但同时又要求他们参战，所以他们是"将一条手臂绑在背后投入战斗"的，希特勒拟拆除一些不能出海作战和正在建造中的大型水面舰只，雷德尔再也无法忍受了。

1942年12月，雷德尔接到通知，希特勒要马上见他。雷德尔猜想可能是有关在挪威海作战的困难问题，但挨了一顿骂，雷德尔没有反驳，他平静地听完元首的滔滔不绝的指责，然后提出辞职，并建议在1943年1月30日进行移交，这天正是纳粹夺取政权十周年纪念日。希特勒解释说，他的指责不是对雷德尔个人的，而是对其错误战略。他接受了这一请求。

希特勒要他提名两个候选人，雷德尔的提议是：北方舰队司令罗尔夫·卡尔斯，以及邓尼茨。他在推荐报告中写道："关于继承人，我建议如下：我认为海军元帅卡尔斯和海军上将邓尼茨最为合适，后者在战争中屡立战功，我曾三次予以优先提拔，晋级很快。海军元帅卡尔斯在军官团中由于一些人先后解职而居于首位，根据他的人格和他在指挥作战以及其他方面的丰富经验，我认为他特别合适。由于军官虽立有战功，但不能越级提拔，所以任命卡尔斯看来不会有什么困难。邓尼茨也同样合适，任命他，有利之处甚为明显，即特别突出潜艇战对于战争的决定意义；不利之处则在于，任命邓尼茨上将为海军司令之后，他就不能像现在这样全力以赴地直接指挥潜艇战了。……"卡尔斯有威望，具绅士风度，经验丰富，希特勒却挑选了后者，因为他已把宝押在潜艇上了。交接仪式如期举行，但是，1月30日不仅仅是纳粹党的节日，它还是斯大林格勒之役结束之日，邓尼茨正是在这一历史的转折时刻施展"回天之术"的。

雷德尔的下台，使得有关海军装备和作战重点的争论终于有了结果。但是邓尼茨在接受任务时，特别强调了水面舰艇的作用，指出它们可以分散敌海空军对潜艇的巨大压力，特别是使敌不能集中力量对潜艇基地和德国城市进行战略轰炸。希特勒感到，新的海军司令与其前任一样固执，他最后同意水面舰队继续作战，同时预言，邓尼茨不久便会认识到自己的错误。

不久后，元首和海军司令之间发生了第一次不愉快。起因是在一次作战会议上，希特勒接到报告，一艘英国潜艇在地中海东部击沉了一艘德国船，他马上评论道："英国人能干，我们自己的潜艇在直布罗陀晃荡，什么也干不出来。"这使在场者目瞪口呆，邓尼茨毫不客气地反驳说："我们最好的潜艇就在直布罗陀，与世界上最强大的海军拼搏，如果它们是在没有敌猎潜机的海域，早就击沉敌舰了。我在直布罗陀派了最能干的人，我要告诉您，他们比英国人强多了。"这突如其来的反驳使希特勒一时脸红，但没有反驳。邓尼茨也感到，他当海军司令的日子是屈指可数了。这次冲突确是两人关系的转折点。希特勒再也没有在邓尼茨面前肆无忌惮，再没有挖苦贬损海军，直到潜艇战崩溃为止，都是如此。他对邓尼茨总是和蔼有礼，并称邓尼茨为"元帅先生"。以后在盟军大规模空袭时，希特勒总要给邓尼茨通话，以确保他进入了自己的掩蔽部。希特勒还专为邓尼茨配备了奔驰防弹汽车，并要他尽可能不乘坐飞机。

自从海军领导更替之后，希特勒与海军之间长期的不和终于有了了结。两人之间的关系中政治色彩并非主要成分,邓尼茨并非纳粹党的顺从工具。他总是回避政治,也不容许纳粹党的官僚插手海军事务。有几次,一些海军军官因"诽谤党"的罪名被"人民法院"传讯和拘留,邓尼茨命令立即放人:"海军完全能够处理自己的事情。"海军中也有纳粹军官,但其影响力比在陆军和空军中小得多。同样,不能因而认为海军可以不受纳粹控制,有一次一个军官在休假期间被召回,同事认为他将被授勋,而实际上却是回部队受死,罪名是他在军官会议室收听BBC广播,对政府进行诽谤,并在他自己的舱中摘下了希特勒的画像。

1943年1月30日,邓尼茨将其司令部从巴黎迁往柏林,指挥所有海军作战。邓尼茨上将接任总司令后并未使潜艇战进入新的高潮,反而马上遇到潜艇战的灾难时刻。

1943年4—5月期间,大西洋的战局出现剧变,4月份,HX-231号船队独自击退了所有来犯的敌潜艇,5月份,德国海军损失潜艇42艘,德一线潜艇的30%沉入海底,这已超出了邓尼茨所能容忍的限度。他在日记中写道:"我已经习惯于受挫和失望,不过这次实难承受。"连希特勒也发出告诫:"损失太大,要节省现有力量,否则就只剩下敌人的舰艇在活动了。"邓尼茨于5月23日从法国的洛里昂飞往希特勒的司令部,他告诫说:"目前潜艇战危机的根源在于敌人的飞机显著增加。监听站证实,冰岛与法罗群岛之间的海峡,现在一天所动用的飞机就相当于数月前一周内所出动的数量。此外,由于北大西洋的护航队使用了航空母舰,以致北大西洋的所有海峡现在都受到敌人飞机的监视。但仅仅是增加飞机还不足以造成潜艇危机,关键在于飞机使用了一种新的雷达装置,能够在浓雾密云中,在阴天或夜里测出潜艇方位，然后出其不意地发起攻击。如果飞机没有这种装置，那它是绝不能在茫茫大海和漆黑夜晚测明潜艇方位的。……我们在武器技术方面遭到了失败，必须有个对策，……尽管如此，我仍然认为，即使潜艇战不再能达到获得较大战果的目标，但潜艇战必须继续下去，因为潜艇战所牵制的敌人力量是十分巨大的。"希特勒打断了邓尼茨的话，说道："绝不允许放松潜艇战，大西洋是我们重要的前沿阵地，即使潜艇战不再能取得重大胜利，但它所牵制的力量却是非常大的，我不容许敌人把这些力量腾出来。"

邓尼茨不得不面对现实，于5月24下令所有潜艇中止在大西洋上的作战，撤出北大西洋这一主战场。燃料不足的潜艇返回基地，剩下的转移到其他海域。在给潜艇艇长的一份命令中，他强调潜艇在当时情况下的战略意义：争取胜利之战变得日益艰难困苦，因此，我必须向你们明确指出目前的处境和前景，空军和海军都已无法取得胜利，只有你们才能对敌人展开进攻作战……德国人民很长时间以来就已感到，我们的武器是最锋利和致命的，大西洋之役的胜败将决定战争的结局。"

邓尼茨将失败归于技术原因，认为以往使用的潜艇已不能胜任今后的战斗，必须采取下列措施：研制有效的反雷达预警器，尽快装备一线潜艇；为减少敌空袭造成的损失，在艇上安装高射武器和加固舰桥的防护；研制可在水下高速航行的潜艇。6月8日的海军各部门首脑会议上，他指出："1943年的日子不好过，而1944、1945、1946、1947年，一切都会好起来。"他认为当时的危机只是武器技术发展的危机，是可以克服的。

大西洋、地中海、挪威海是1943年海上作战的焦点，5月份潜艇战的失败是大西洋之战的转折点，意大利投降导致德国在地中海的失利，而"沙恩霍斯特"号的沉没，标志着在北极地区袭船战的末日。这一年的潜艇袭船战果不及上一年的一半，而损失潜艇达230艘。

1944年，德海军已将自己的活动范围限制在欧洲沿海，盟军把这一阶段德国海军的作战称为一支受重创海军的垂死挣扎，千方百计摆脱困境但无济于事。

在1945年初举行的雅尔塔会议上，德国的新式潜艇已引起了各方面的关注，美军总参谋长马歇尔和英国海军大臣坎宁说："德国人正在大量建造新型潜艇，由于它具有水下高速，并且是用最新式的技术装备起来的，所以盟国的空军和水面舰队就很难对付它们。这种新型潜艇是在不来梅、汉堡和但泽用预制部件装配起来的。因此，美国和英国的最大希望就是俄国人尽快夺取但泽，大约百分之三十的德国潜艇是在这一城市建造的。"

1945年2月28日，邓尼茨通知希特勒："潜艇可以在受到敌人严密监视的海域重新作战并取得胜利，而它们在这些海域一年前甚至连生存都不可能。它们将充分发挥本身具有的特点，强大的英国海军也无法与之抗衡。……随着完备的潜艇的出现，将使战争发生转折。真正的潜水艇这一利器已研制成功……大量地将之投入实战，具有决定性意义。"4月30日，第一艘XXI型潜艇服役，这是德国海军装备部专家两年苦干的结果。这一武器的设计意图是，完全在水下作战，使盟军的反潜战完全失效，切断其海上联系，夺取大西洋的制海权。自1944年春开始，盟国空军力图使德国的潜艇生产一刻也不能按计划正常进行。潜艇工厂易被发现和遭受破坏，为了争取速度，采用了分段制造集中组装的办法。这是一种批量生产，而盟军飞机只要摧毁一个厂，就可毁掉30至40个部件，从而破坏整个计划。当其他装备的制造都因大规模轰炸而趋于分散时，潜艇制造业却日趋集中。

1944年8月26日，在法国的潜艇部队接到命令回国，这是德国在大西洋的潜艇战的正式终结，邓尼茨说："潜艇战将用以往的精神和新式的装备继续下去。德海军把扭转颓势的希望寄托在武器的革新上。"

如德潜艇能将航行和作战基本转入水下，并提高航速，就可神出鬼没，进退自如，而盟国方面已有的由雷达、驱逐舰和飞机构成的防御体系就会失效。关键要求是研制"真正的潜艇"，即在航行中和进攻时都能潜在水中的潜艇，它不会因技术原因而被迫浮出水面，具备水下高速等性能。各国正在使用的潜艇实际是一种水面舰只，能在水下航行的时间极为有限，在潜行一段时间之后，必须浮出水面，进行充电和排除废气，这个问题经长期研究都未能得到解决。

早在1936年，潜艇工程师瓦尔特提出使用耐腐蚀的镍钢合金制造以过氧化氢为燃料的发动机，其原理是，过氧化氢通过一种接触剂可产生氧和水，氧和水送到一燃烧室内，喷以燃料油，产生了一种混合物，以极高温度燃烧生成蒸气，带动涡轮机而推动潜艇。这种发动机很昂贵，但80吨重的样艇在波罗的海的试航中时速达25海里，是一般潜艇的两倍。根据这种样艇，德海军于1941年初开始建造"大西洋—瓦尔特"式潜艇，它的动力装置是全新的，外形还没有按水下航行的要求做根本的改变，此外，它还未进入成批生产的阶段，因为试验不充分，用过氧化氢作为燃料带来了很多困难和危险，特别是容易泄漏。盟国的轰炸，使得它的生产受到原料和人力的限制。德国各造船厂的工人大批被抽调去补充陆军。到战争末期，德国一共只生产了4艘样艇。

另外一种新式潜艇的设计较为完善，具有扩大了一倍的电池和流线型的设计，但是动力装置是旧的，它的水下航速和水下续航力都有了显著提高，而且因技术较成熟和安全，可以成批生产。这种潜艇的吨位也是现有潜艇的两倍，达1600吨，可在水下以14节的时速持续航行10小时，而盟国护航队的时速不到10海里，将使盟国船队的护航出现严重的危机。在新的技术条件下，因水面航行速度快，战术也将变得更加灵活，可以绕航到船队前方截击，浮起时，艇身几乎完全没在水中，只有狭长的指挥塔露出，在夜间很难被发现，而声呐测位器对于水面袭舰的潜艇完全不起作用，所以可以迅速摆脱舰艇的追踪。

第一艘这种1600吨的大型潜艇迟至1945年4月30日才从挪威的卑尔根出发去执行首次战斗任务，它的指挥官在谈到他第一次短程航行时说："第一次出征就在北海与敌人的猎潜舰队遭遇。可以断定，这支猎潜舰队对水下高速潜艇无可奈何，在水下稍稍改变航向三十度就逃脱了，几小时后遇上了一艘英国巡洋舰和许多驱逐舰……进行了水下攻击……巡洋舰进入了五百米的射程之内，我的经验是：'潜艇是先进的，对潜艇驾驶员来说，进攻和防御别开生面。'"1961年3月的《美国海军学院学报》的一篇文章对它做了如下评价："1945年，德国向盟国交出了一支潜艇舰队。这支舰队非常先进，以致当时在技术上没有办法能加以防御。直到别国的海军潜艇在战后加以现代化改装以前，德国XXI型潜艇是世界上最先进的潜艇。""三个主要特征表明了它的级别远远超出当时所有其他类型的潜艇：具有功能较大的电池，较高的水下航速和较长的续航力，有利于提高水下速度的船身和流线型上层结构，以及在潜艇的原设计中一并计划在内的通气装置。此外，值得注意的是建造 XXI 型艇的生产效率。"

为便于在英国附近距德国本土基地不远的海域活动，还研制了 300 吨级的小型潜艇，它可在海上活动半个月到一个月，在战争中无一损失，驾驶过它的一名指挥官评价道："这是在近海短期作战的理想潜艇，快速、灵活。升降简便，被雷达测定和受攻击的面很小，敌人只觉察到有艘潜艇在这里，但无法确定潜艇的位置。"

瓦尔特的另一项重要发明，比较简单和有效，不改变潜艇的动力系统和外形，仅安装两根伸出水面的潜望镜式呼吸管，分别供内燃机排出废气和吸入空气。它除延长了水下活动时间之外，还减少了被英国雷达探测到的机会，从而基本上排除了在水面活动带来的最大的风险。现有潜艇自 1944 年春季起，都加装了通气管，当年 6 月，邓尼茨下令，原则上不允许没有通气装置的潜艇出海。

为了及早察觉英国雷达的搜索，避开敌机和驱逐舰的袭击，潜艇上都安装了雷达电波接收器，一旦被对方雷达盯住，就及时采取措施，这种装置一度产生了效果。可是英国研制了 10 厘米波长雷达后，德方的接收器就失灵了。不过，普通潜艇涂上一种伪装涂料，多少可以吸收一部分雷达电波。

这时的潜艇，无论在水上或水下，都比盟国的要快，潜得要更深。而且拥有更为优良的声呐内燃机和蓄电池。

1943 年以后，在频遭空袭的情况下，潜艇的生产并没有受到很大影响，每月平均19艘，按吨位计算，甚至超过了以往几年，XXI型潜艇从构思到试产不过用了7个月的时间，10个月后造出了第一艘，以后，以每月10艘的速度批量生产，这使得德国潜艇部队在1945年3月达到了463艘的最高数字。如果没有对德国生产设施的猛烈轰炸和地面战争的胜利，盟国在大西洋战役中就会面临更为不利的局面。

1945年，大西洋上几乎一切可供使用的德国舰船都被调去波罗的海从事类似当年英国在敦刻尔克的救援工作，1月至5月间，以800艘舰船，将约200万以上的居民从波兰和东普鲁士撤到德国西部。

1945年4月17日，已将指挥部迁至德国北部的邓尼茨元帅被任命为北部德军最高司令官。希特勒在自杀前又指定他为新的国家元首和德军总司令。原潜艇部队司令弗里德堡上将接任邓尼茨成为海军司令，并代表在北部和丹麦、荷兰的德军于5月4日向英军蒙哥马利元帅投降。5月23日，德临时政府成员在弗兰斯堡被英军逮捕，弗里德堡自杀。

盟国关于停火的重要条件是：完整地交出德国海军的所有装备；不允许自行沉船，同时，禁止使用密码通讯。邓尼茨深思后同意了这些条件。德国海军不是在1945年5月立即消失的，经历了一个过程。官兵被送往战俘营进行甄别，所有纳粹标志均被取消，残余舰艇由盟国瓜分，大部分潜艇转交给英国，由皇家海军在1945年底于大西洋凿沉。

结　语

丘吉尔在他的《第二次世界大战》一书中写道："大西洋战役自始至终一直是整个战争的主导因素。我们一刻都不能忘记，不论在陆地、在海洋、在天空或其他任何地方发生的一切都最终与大西洋战役的结果息息相关。那个可怕的、从不间断的苦难的历程——我们经常处于极度的困境和挫折中，而且总是面临着无形的危险。最终偶然和戏剧般地走上了光明的大道。"大西洋当时集世界航运能力的四分之三，对英国尤具有生死攸关的意义，是英国输入战略物资、工业原料和粮食的"生命线"。大西洋之战持续5年8个月，德国共投入水面作战舰艇37艘、潜艇1160艘，击沉同盟国和中立国舰船共2840艘约2100万吨，其中潜艇击沉的占68.1%；飞机击沉13.4%、水面舰艇击沉7.2%、水雷炸沉6.5%、沉没原因不明4.8%，同盟国海军官兵及海员3万余人遇难。英、美共投入作战舰艇3000艘、飞机8000架；击沉德国潜艇781艘，占德国投入作战潜艇总数的67.2%，消灭德海军3万余人，保障盟国船只完成30万艘次横渡大西洋的航运。

德国海军战败原因：

一、德国海军与对手的实力对比悬殊。

以位于英美日法之后的世界第五位海军，对抗英美法三个优势海军。1939年9月开战时，"Z"计划启动不到一年，德国海军拥有战列舰2艘、战列巡洋舰2艘、袖珍战列舰3艘、重巡洋舰3艘、轻巡洋舰5艘、驱逐舰22艘、潜艇57艘（其中适于大西洋作战的仅22艘）。而英国海军拥有战列舰15艘、航空母舰6艘、巡洋舰64艘、驱逐舰200余艘、潜艇50余艘。1939年，法国海军拥有航空母舰1艘、战列舰9艘、重巡洋舰7艘、轻巡洋舰12艘、各型驱逐舰50余艘、各型潜艇共101艘。9月3日英法对德宣战时，德雷尔元帅对部下的训令称："现在，水面舰队能做的只有一件事，表现出他们懂得如何英勇赴死。"邓尼茨日后称："早在战争爆发时，我们就被打败了。"可见与德国陆军和空军不同，德国海军是怀着绝望的心情投入二战的。为此，德国一开始便采取了攻势，不论在战略上还是在战术上都是如此，以进攻来弥补力量的不足。当法国海军出局，美国海军尚未参战时，即1940年夏至1942年初，德国海军所针对的对手只有英国海军一家，确实取得了许多骄人的战绩。美国参战后，大西洋交通线的护航体系日益完备，致使1942年德国袭船战所付出的代价倍增，到了1943年已达不能承受的地步。至于1944年盟军在法国登陆，德国海军已进入了垂死挣扎的阶段。德国中型潜艇的狼群战术取得了惊人的战果，但这种有效的非对称的进攻战术，仍不足以压倒结构完善、实力雄厚、科技发达而战术灵活的对手。

二、德国海军受制于封闭性的海洋环境和次要的战略地位。

从地缘战略上看，德国作为一个中等规模的濒海陆权国家，面对英国和苏俄这两个海上和陆上的头等强国，力图陆海兼顾，结果陆海两失。陆战的结局往往决定海上的地位，这在一战中表现得更为明显，那时德国海军力量从规模上直追大英帝国本土舰队，从质量上更胜一筹。因陆上陷于持久消耗战的僵局，海军在水面和水下作战都取得重大战果的情况下，仍战败投降。二战初期，德国陆军闪击法国成功，迫使法国投降，未经海战，就将强大的法国海军逼迫出局，并通过占领法国大西洋沿岸地区极大改善了德国海军的作战条件。德国潜艇不必再从威廉港出耗贯油料和一星期的航行时间才能进入大西洋，从法国港口能更有效地威胁英国的海上交通线，大西洋上的德国潜艇数量也因航行距离的缩短而增加了25%，这些成就是通过德国在陆上的胜利取得的。入侵苏联以后，德国的命运更是系于陆上战争的形势，大西洋从此成为一个次要的战区，德国在大西洋战区的主要目的，是切断或破坏盟国的海洋运输以保证陆上战场的胜利。例如1941年的9至12月，为配合北非战场和东线战场，大量潜艇被从大西洋调往地中海和波罗的海，在大西洋的作战潜艇数量剧减，11月仅剩5到10艘。从1941年6月入侵苏联开始，希特勒的首要关切和德国的战争资源都被吸引和耗竭于欧洲内陆。

三、德国海军建设指导思想的混乱。

指导思想的混乱、资源的有限和时间的紧迫，导致战前海军力量建设的失败：

1938年开始的"Z"海军建设计划，将在6年内建造包括10艘大型战列舰、3艘战列巡洋舰、8艘装甲巡洋舰、4艘航空母舰、44艘轻型巡洋舰、68艘驱逐舰、90艘鱼雷艇和249艘潜艇。海军司令雷德尔将重点放在重型水面战舰上，力争在6年内建立起一支足以同英国相匹敌的强大水面舰队。潜艇部队司令官邓尼茨曾竭力反对这项计划，认为这是一个大而无当、耗时长久的计划，有限的资源与日益紧张的形势，使德国不可能实现这个计划。德国必须集中资源尽快建造足够的潜艇，以便在即将到来的战争中予英国的海上生命线以致命的打击，潜艇是达到这一目的最实际最有效的手段，邓尼茨主张将全部用于建造大型水面舰艇的资源转用于潜艇，不建造单艇作战为主的大型远洋潜艇（日本式的发展道路），而以制造大量机动力强、适合远洋作战的中型潜艇为主。至少建造300艘，其中100艘在远海巡弋并以艇群的方式作战，100艘在往返基地与作战海域的途中，100艘在基地休整待命。庞大的"Z"计划是这两种对立思想最后调和的畸形产物。在德国的扩军计划中，一直把陆军和空军作为发展重点，虽然"Z"计划得到批准，但面临实际困难和资源不足时，海军总被置于次要的地位。因为海军与陆空军的不同，使其主战装备凝结了国家全部工业精华，耗资大、营建周期长而见效慢，难以满足战争的急迫需求。需要10年来实现的"Z"计划制订一年后，大战即爆发，德国海军的战列舰与潜艇的数量都严重不足，在战争中，这个计划就更难实现了。结果不论在水面还是水下的作战，都不能达到预期目标。对于开战时的德国这样一个幅员中等而又不占有重要殖民地的国家，不论其科技与工业多么发达，资源必然有限，与其发展象征国家荣耀与威望的水面巨舰，不如务实地放弃这一奢侈，而且一战的日德兰海战也已验证了德国以水面巨舰战胜英国海军的无望。德国本应集中有限的资源，利用本已不多的时间，来发展邓尼茨所主张的中型潜艇群以破交战绞杀英国。1943年

2月，一些大型水面舰艇久困于港内已成为无用之物，希特勒下令拆除其火炮用于陆上要塞。

四、德国海军力量不成体系。

海军因其作战的需要，除水面和水下舰艇之外，还要拥有陆战队和航空兵。实为一支小规模的"三军"。而德国航空母舰的建设时停时续，始终没有竣工。由于德国空军总司令戈林的强势干预，德国海军没有严格意义上的航空兵，只能指挥临时划归海军的小规模空军部队，在大西洋之战中始终不具有制空权，由于航母的缺失，在远海作战的水面舰只没有舰载机的掩护和配合，潜艇缺少侦察机所提供的情报，舰只和潜艇只有在近岸海域活动时才能由陆基飞机提供保护。其实德国空军自身也缺少远程侦察机和轰炸机。德国海军陆战队规模极小，力量微弱，不足以进行较大规模的登陆作战。

在海军力量不成体系的情况下，潜艇成为唯一的"撒手锏"，对德国来说，大西洋战场的胜负取决于潜艇战的成败。

第一时期（1939年9月—1941年6月），在这最初的9个月内，德军以少量潜艇取得了明显的战果。这一时期共击沉同盟国和中立国的运输船只和作战舰艇达760万吨，其中潜艇击沉的占53.4%，飞机击沉的占18.7%，水面舰艇击沉的约占12%，水雷炸沉的约占11.8%，沉没原因不明的占4.1%。德军共损失潜艇43艘。

第二时期（1941年7月—1943年3月），在战争中期的这20个月内，为了对付活动于大西洋的100—130艘德国潜艇，大约使用了3000艘舰艇和2700架飞机。德国潜艇相对战果（海上作战的每艘潜艇的平均战果）只有第一时期的三分之一至四分之一。第二时期同盟国和中立国损失的运输船只和作战舰艇共约1000万吨，其中被潜艇击沉的占 80%。在此期间，德国海军损失潜艇 155 艘。

第三时期（1943 年 4 月—1945 年 5 月）战争出现了根本转折，在苏德战场上，德军累遭惨败。1944 年 6 月同盟国军队在法国北部登陆，摧毁了德军在比斯开湾的重要基地配系，大西洋的制空和制海权全为盟军所掌握。盟军的大规模战略轰炸，使德国潜艇工业遭受严重破坏，损失的潜艇难以补充。在这 25 个月内，德国击沉同盟国的船只数量锐减，吨位仅 300 万吨（其中潜艇击沉的占 73%），为第二时期的三分之一，而自己损失潜艇近 600 艘，即平均每月损失潜艇 19 艘，而在第一时期平均每月损失不到 2 艘，第二阶段不到 7 艘。此外，1945 年 5 月德国投降时，自行凿沉潜艇 200 多艘，交出 159 艘。

二战中的大西洋战场，体现了海上军事斗争的复杂性与持久性，它依靠的是综合国力的支撑；体现了海权对国家兴衰存亡的重大意义，海权的丧失必然伴随着国家的衰亡；海上力量的建设是一个漫长而艰巨的过程，不可能短期内完成，需要有长远的战略眼光来规划与调整；海军力量是一个完整的体系，最终的胜利，靠的是海军力量各要素的完善与各要素间的配合，而不能依靠"撒手锏"。

大西洋战场大事记

1938 年

9 月　德国通过"Z 造舰计划"。

10 月 8 日　"齐伯林"号航空母舰下水。

12 月　英国同意德国扩大潜艇部队。

1939 年

1 月 27 日　希特勒批准了"Z 造舰计划",下令全力执行。

2 月 14 日　"俾斯麦"号战列舰下水。

4 月 1 日　"提尔皮茨"号战列舰下水。

8 月 18 日　舰队司令部实施作为紧急措施的"三线作战计划"。

9 月 3 日　英国对德宣战。英国军舰在德国近海和北海布雷。

9 月 7 日　德国一线潜艇部队驶出波罗的海进入大西洋。

9 月 16 日　U-31 号潜艇发动了首次对盟国船队的攻击。

9 月 17 日　U-29 号潜艇击沉英国航空母舰"勇敢"号。

10 月 13 日　U-47 号潜艇潜入斯卡帕湾击沉英国"皇家橡树"号战列舰。

10月29日　德国海军司令部下令，可对有舰只护航的敌国客船进行攻击。

10月　德国潜艇开始对英国近海布放磁性水雷。

11月20日　德国飞机对英国水域进行第一次布雷。

11月23日　德国战舰"沙恩霍斯特"号击沉英舰"拉瓦尔品第"号。

12月13日　英国潜艇"鲑鱼"号用鱼雷击伤德舰"莱比锡"号和"纽伦堡"号。

12月13—17日　英国舰队追歼德国袖珍战列舰"斯比"号。

1940年

3月31日　第一艘德国辅助巡洋舰"亚特兰提斯"号驶入大西洋。

4月3日　进攻挪威和丹麦的德国运输舰离港，作战舰只于7日离港。

4月9日　德国战舰"布吕歇尔"号被挪威守军在奥斯陆湾击沉。

4月15日　英国驱逐舰击沉德国U–49号潜艇，缴获密码。

6月8日　"沙恩霍斯特"号和"格奈泽瑙"号击沉英国航空母舰"光荣"号。

6月27日　英国宣布封锁欧洲大陆。

8月1日　德国重型巡洋舰"欧根亲王"号服役。

8月17日　德国宣布对英国进行全面封锁，任何企图靠近英国的船只将不予警告地击沉。

8月24日　战列舰"俾斯麦"号服役。

10月16—20日　德潜艇对英国的两支护航队进行了"狼群攻击"，共击沉33艘运输船。

10月18—19日　桑德兰式侦察机首次以新装备的雷达发现潜艇。

1941 年

3月17日　装备雷达的英国驱逐舰"瓦努克"号发现和击沉了在水面行驶的敌王牌潜艇U-100号和U-99号。

5月9日　英舰俘获德国U-110号潜艇,缴获德机要密码和有关文件。

5月24日　"俾斯麦"号击沉英国战列舰"胡德"号。

5月27日　英舰围歼"俾斯麦"号,将之击沉。德舰队司令、参谋和几乎全体乘员葬身海底。

7月5日　德国潜艇开始在北冰洋展开袭船战。

10月　盟国在船只上装备高频探测器。

11月14日　德国潜艇U-81号击沉英国航空母舰"皇家方舟"号。

11月15日　德国第一艘潜水供应舰U-459号服役。

11月25日　U-331潜艇击沉英国战舰"巴哈姆"号。

12月11日　德国和意大利对美国宣战。

1942 年

2月26—27日　盟军飞机轰炸德舰"格奈泽瑙"号,使其丧失战斗力。

8月11日　U-73号潜艇击沉英国航空母舰"鹰"号。

9月28日　德军司令部和潜艇部队负责人向希特勒提交了有关战局的报告,指出潜艇战面临的困境和对策。

1943 年

1月30日　邓尼茨升任海军元帅,接替雷德尔成为德国海军总司令。

3月16—19日　二战中最大规模的攻击护航船队之战,德潜艇攻击了盟国的 HX229、SC122 两支大型船队。

4月8日　尽管盟军在大西洋上的护航路线中部仍有一长达450海里的航段无法获得空中掩护，英国护航队第一次使自己的船只免遭损失。

5月　盟军在北大西洋水域消灭多艘德潜艇，迫使邓尼茨将潜艇撤出这一水域。

9月22日　英国的小型潜艇在挪威的阿尔塔湾重创德国战列舰"提尔皮茨"号。

12月26日　英国舰队在北角附近击沉德国战列舰"沙恩霍斯特"号。

1944 年

4月3日　英国飞机对停泊在挪威沿海的"提尔皮茨"号进行了猛烈的轰炸，使其倾覆。

5月　德国将一批配备通气装置的新式潜艇投入使用。

6月11日　德国最后一艘潜艇供应舰U-490号被盟军飞机击沉。

6月12日　德国第一艘电动潜艇U-2321号投入使用，它是一种小型近海潜艇，可携带两枚鱼雷。

6月23日　日本潜艇イ-52在大西洋被击沉。

6月27日　德国第一艘大型电动潜艇U-2501号投入使用。

1945 年

4月30日　希特勒自杀，海军司令邓尼茨被指定为国家元首。

5月4日　德国代表与英国蒙哥马利元帅签订有条件投降协议，并停止潜艇作战。

5月19日　德国潜艇U-234号向美军投降。

主要参考书目

1. [美]内森·米勒著：《美国海军史》，海洋出版社1985年。

2. [美]德鲁·米德尔顿著：《潜水艇之过去、现在与未来》，台湾黎明文化事业公司1981年。

3. [德]卡尔·邓尼茨著：《第二次世界大战中的德国海军战略》，上海人民出版社1976年。

4. [德]汉斯·阿道夫·雅各布森著，中国人民解放军军事科学院外国军事研究部译：《第二次世界大战的决定性战役》，江苏人民出版社1982年。

5. J. R. Mallmann Schowell, *Das Buch der Deutschen Kriegsmarie 1935—1945*, Stuttgart, 1982. （[德] J. R. 马尔曼·绍维尔著：《德国海军手册1935—1945》，斯图加特，1982年。）

6. Salewiski Michael, *Diedeutsche Seekriegsleitung 1937—1945*, Munchen, 1982. （[德]斯拉维斯基·米哈伊尔著：《德国海军指导1937—1945》，慕尼黑，1975年。）

7. Hildebran. Han. H, *Die Deutschen Kriegsschi fe. Biographien, ein Spiegel der Marinesschichte von 1915 bis zu Gegenwart*, Herdford, 1979.

（［德］汉斯·H. 希尔德布兰德著：《德国战舰总览，1815年至目前的海军史的一面镜子》，赫德福德，1979年。）

8. Leonce Peillard, *Gesxhichte des U-boot Krieges 1939—1945*, Munchen, 1980. （［德］列昂塞·派拉德著：《1939—1945年的潜艇作战史》，慕尼黑，1980年。）

9. Franz Kurowski, *An Alle Wolfe：Angeiff, Deutsche U-boot-Kommandanten im Einsatz 1939—1945*. （［德］弗兰茨·库罗夫斯基著：《狼群进攻，德国潜艇指挥官在1939年至1945年的作战》，奥尔登多夫，1986年。）

10. Donald Macmtryre, *The Battle of the Atlantic*, London, 1961. （［英］唐纳德·麦金泰尔著：《大西洋之役》，伦敦，1961年。）

11. Franz Kurowski, *Seekrieg aug der Luft；die deutsch Seeluftwaffe im Zweiten Weltkrieg*, Herdford, 1979. （［德］弗兰茨·库罗夫斯基著：《从天空进行的海战：二次大战时的德国海军航空兵》，赫尔福德，1979年。）

12. Jacques-Moudal, *25 Jahrhunderte Seekrieg aus der Luft；die deutsche Seeluftwaffe im Zweiten Weltkrieg*, Herdford, 1979. （［德］雅克·库罗夫莫达尔著：《两千五百年的海战：从古代海战到中途岛之役》，赫尔福德，1979年。）

13. Geoffrey Bennett, *Seeschlachten im 2. Weltkrieg*, London, 1975. （［英］杰夫里·本尼特著：《第二次世界大战中的海战》德译本，伦敦，1975年。）

14. 赵小鹏著：《无形的舰队》，海潮出版社1990年。

15. 赵振愚著：《中外海战大全》，海潮出版社1991年。